AF224887

BIBLIOTHÈQUE D'HISTOIRE CONTEMPORAINE

Pierre **PERREAU-PRADIER**, Député

ET

Maurice **BESSON**

L'Afrique du Nord

et la Guerre

PRÉFACE DE M. MAGINOT

Député,
Ancien Ministre des Colonies.

LIBRAIRIE FÉLIX ALCAN.

L'AFRIQUE DU NORD

ET LA GUERRE

A LA MÊME LIBRAIRIE

DES MÊMES AUTEURS

La guerre économique dans nos colonies. Préface
de M. Paul Deschanel, de l'Académie française, 1 vo-
lume in-16, de la *Bibliothèque d'histoire contemporaine.* . . . . **3 fr. 50**

Librairie F. ALCAN, 108, Boul. St-Germain, PARIS

Majoration **temporaire**

30 % du prix marqué

Décision du Syndicat des Éditeurs du 11 Février 1918

L'AFRIQUE DU NORD ET LA GUERRE

PAR

Pierre PERREAU PRADIER, député

ET

Maurice BESSON

Préface de M. MAGINOT

Député
ancien Ministre des Colonies

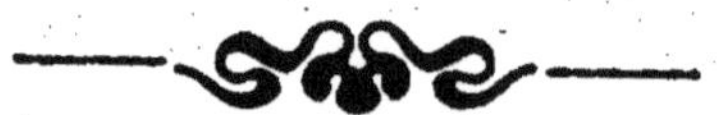

PARIS

LIBRAIRIE FÉLIX ALCAN

108, BOULEVARD SAINT-GERMAIN, 108

1918

PRÉFACE

A M. Pierre Perreau Pradier,

Mon cher ami,

J'ai lu votre livre avec le plus vif intérêt. Vous avez raison d'avoir voulu mettre en relief le rôle de nos possessions de l'Afrique du Nord pendant cette guerre. Leur participation à l'effort commun a été assez importante pour mériter qu'on la signale et qu'on s'en souvienne. Dans tous les domaines et d'abord sur les champs de bataille où se jouaient le sort et l'avenir de notre pays, nos colons et nos indigènes de l'Algérie, de la Tunisie et du Maroc, ont servi la France non seulement avec loyalisme, le mot serait presque blessant, mais avec tout l'élan du patriotisme le lus désintéressé et le plus ardent. Il est bon que ces Français de notre France africaine sachent que leur dévouement et leurs sacrifices ne demeurent pas ignorés de leurs compatriotes de la Mère-Patrie. Rien ne peut en effet, plus que le juste témoignage ainsi rendu à leur patriotique attitude, contribuer à rendre plus étroits les liens qui les unissent à nous. Ils sont si fiers et si reconnaissants, les braves gens, de la gratitude que nous pouvons leur exprimer !

Mais vous avez compris, et en cela encore votre livre est utile, qu'il ne suffit pas pour répondre aux services que nous rendent sans compter pendant la dure tourmente, nos populations nord-africaines, de nous borner à prendre acte de ce qu'elles ont fait en y ajoutant quelques commentaires élogieux à leur adresse. Il faut en outre, comme vous l'avez écrit, donner à nos possessions du littoral méditerranéen, les moyens de prospérer, ce qui ne répond pas seulement à leur intérêt, mais au nôtre.

Parmi ces moyens, vous préconisez, — et j'ai été heureux de vous voir apporter votre contribution à la campagne que des hommes soucieux de nos intérêts africains mènent dans ce sens, — la réunion de nos trois possessions de l'Afrique du Nord dans un même groupement administratif, ce qui n'implique nullement qu'un régime identique doit être appliqué à chacune d'elles, mais ce qui permettrait pour le bien de tous, de soumettre des situations ou des intérêts qui se ressemblent, à quelques règles générales communes dont la nécessité se fait impérieusement sentir.

Cette idée d'un groupement administratif supérieur englobant sans les confondre l'Algérie, la Tunisie, le Maroc et ayant pour conséquence la création à Paris d'une direction générale, d'un

Sous-Secrétariat d'État ou même d'un Ministère de l'Afrique du Nord qui pourrait être réuni à celui des Colonies, a fait de sérieux progrès depuis quelque temps, surtout sous l'influence de la guerre. N'a-t-il pas été récemment question, lors de la nomination du nouveau titulaire du Gouvernement Général de l'Algérie, de faire de M. Jonnart, — on en a parlé si on ne l'a pas fait, — un Haut commissaire étendant son action sur nos trois possessions africaines. Ce projet n'a pas abouti, le quai d'Orsay ayant cru devoir y faire opposition du fait que le Maroc et la Tunisie étaient pays de protectorat. Objection bien peu décisive. Est-ce que les protectorats de l'Annam, du Cambodge, du Tonkin nous ont empêché d'avoir un Gouvernement général de l'Indo-Chine ?

Groupement administratif d'abord, groupement politique et groupement économique ensuite, le premier servant à préparer les deux autres, tel est le programme qui doit être pour nos trois grandes possessions de l'Afrique du Nord, la vérité d'après-guerre. Que chacune d'elles conserve son individualité propre, son autonomie locale avec son administration et ses ressources particulières, rien de mieux ; on peut même ajouter que c'est nécessaire, car quel que soit ... ... d'uniformité dont on puisse être animé, il faut tenir compte des différences qui existent d'un pays, d'une population à l'autre. Mais cette concession faite à ce qui doit raisonnablement subsister du particularisme, appliquons-nous à élever au-dessus des cloisons, qui jusqu'à ce jour ont maintenu entre les diverses parties de notre Afrique du Nord comme autant de frontières, l'édifice d'avenir qui permettra aux intérêts convergents de se rencontrer, à tout ce qu'il y a de vie commune dans des possessions qui ne sont que le prolongement les unes des autres, de se manifester. Il n'y a que des avantages pour elles trois au point de vue de leur colonisation, du développement de leurs moyens de transports, de leur avenir économique, à ce que des vues d'ensemble, des méthodes concertées, des ententes, se substituent aux conceptions fragmentaires, aux efforts dispersés, aux rivalités d'une administration à l'autre. Il ne faut pas que plus longtemps des diversités de traitement que rien ne justifie, suscitent des comparaisons fâcheuses et qu'un Français d'Algérie par exemple puisse, en constatant les avantages du régime administratif sous lequel vit son voisin de Tunisie ou du Maroc, se plaindre et parfois justement de la situation qui lui est faite par rapport à eux. Il ne doit pas y avoir dans notre Afrique du Nord de régime de la colonie la plus favorisée.

De même en ce qui concerne notre politique à l'égard des indigènes. Sur cette terre d'Islam, et vous faites bien d'y insister, il y a trop d'analogies et de points de contact entre les populations sur lesquelles s'étend notre domination, pour que nous puissions, sans inconvénients, continuer à pratiquer envers elles, cette politique de chartes séparées qui ne sert qu'à morceler notre action sur le monde musulman dont l'unité, elle, ne se morcelle pas. L'Islam est un, malgré les différences et les compétitions qui peuvent se manifester parmi les populations soumises à ses lois. Notre politique musulmane, si on veut qu'elle soit comprise des indigènes et profitable à nos intérêts nationaux, doit s'inspirer avant tout de cette unité.

Une organisation collective de l'Afrique du Nord se justifie donc par de nombreuses et fortes raisons. La plus déterminante, celle qui résume toutes les autres, c'est qu'il est nécessaire d'y coordonner nos efforts, mieux que nous l'avons fait jusqu'ici. A ce prix et à ce prix seulement, nous pourrons tirer de cette nouvelle France, tout le concours qu'une fois l'épreuve actuelle passée, nous sommes en droit d'en attendre.

C'est l'œuvre de demain. Continuons, mon cher ami, à y travailler.

Amitiés,

MAGINOT.

L'Afrique du Nord et la Guerre

INTRODUCTION

Lorsqu'on étudiera l'œuvre de la troisième République en faveur de l'expansion française, il sera nécessaire de mettre au premier plan son heureuse politique coloniale. On sait comment, malgré des difficultés de toute nature, s'est formé, au lendemain même de la guerre de 1870-71, un parti colonial. On sait également comment un grand esprit, meurtri encore des luttes de l'Année Terrible, Jules Ferry sut insuffler à toute une génération la foi en la création et en l'avenir du nouveau domaine français d'outre-mer, et montrer à tous que, pour forcer « la ligne bleue des Vosges », il fallait doter la France de « Nouvelles Frances » prêtes à seconder, à l'heure venue, les efforts de la vieille Gaule.

La troisième République a réalisé le but

qu'elle s'était donné. Ce sera là un de ses plus beaux titres de gloire; elle s'est auréolée d'une couronne de possessions lointaines. Grâce aux efforts de ses soldats, de ses explorateurs, de ses colons et de ses parlementaires, notre Pays s'enorgueillit à juste titre de sa « France africaine », de sa « France asiatique », de sa « France américaine » et, même, perdue dans les immensités glauques du Pacifique, de sa « France australe ». Dans cet édifice colonial, harmonieux par sa diversité même, la plus belle partie est composée par l'Afrique du Nord. Parmi les trois contrées formant le « Morgreb français », l'Algérie doit être considérée comme une pierre précieuse, enchâssée entre la Tunisie et le Maroc. Notre possession algérienne n'est-elle pas l'assise même du jeune domaine colonial français ?

De nos magnifiques terres lointaines acquises au cours des siècles par l'ancien régime, il n'avait surnagé, sauvées du naufrage dû à l'impéritie de Louis XV et à la tempête révolutionnaire, que la Réunion, la Martinique et la Guadeloupe, quelques comptoirs disséminés en Afrique et quelques loges indiennes, vieux souvenirs du passé. La troisième République n'a hérité que d'une seule grande possession: l'Algérie. L'œuvre coloniale de Napoléon III, si réelle fût-elle, ne peut guère compter, car elle n'a doté la France que d'ébauches de colonies, véritables têtes de ponts, qui nous ont, du reste, été utiles : la Nouvelle-Calédonie et la Cochinchine. L'Algérie, par contre, a une importance capitale, c'est la pierre angulaire de notre maison d'outre-mer. C'est parce que nous étions en Algérie depuis 1830, que nous avons été en Tunisie, c'est parce que la Moulouya était moins une frontière qu'une fiction diplomatique, que nous avons dû aller à Fez, c'est encore parce que nulle délimitation ne peut être tracée sur les sables courants du Sahara, que nous avons dû prendre le désert à revers, entrer dans Tombouctou et réunir en un symbolique faisceau, sur les bords du Tchad mystérieux, les drapeaux des trois colonnes parties, l'une d'Alger, l'autre du Sénégal, la troisième de la forêt congolaise et qui se concentrèrent à Koussouri, sous les ordres du commandant Lamy, pour abattre Rabah.

L'Algérie a été autre chose encore que notre place d'armes sur la terre d'Afrique, elle a été, et certes elle en a souffert, notre champ d'expériences. Elle nous a permis de déterminer les bases d'une rationnelle politique musulmane. Grâce à cette expérience la France s'établissait, en 1881, sans heurts et presque sans difficultés, en Tunisie, terre que Jules Ferry déclarait être une des clefs de la demeure algérienne. Par le traité du 20 mars 1912, le Maroc, la seconde clef de l'Algérie, devenait terre de protectorat. La France venait, à la veille de la grande guerre, comme autrefois les Romains et les Arabes, de reconstituer l'unité de l'Afrique du Nord.

Étapes par étapes, réalisant après la longue et

coûteuse conquête de l'Algérie, lutte cependant féconde en précieux enseignements, l'occupation de la Tunisie et celle du Maroc, la troisième République a achevé l'œuvre commencée en 1830 et créé l'Afrique du Nord française, une et indivisible. L'Afrique du Nord présente, en effet, tous les caractères d'une incontestable unité. S'il y a encore quelques différences entre les populations indigènes de ces trois contrées, si on ne peut et on ne doit assimiler complètement les races nord-africaines, il y existe cependant de nombreux points de contact. La différence n'est guère sensible entre le montagnard kabyle et le berbère du Riff; l'arabe nomade des hauts plateaux dresse indistinctement son humble tente brune aussi bien en terre beylicale qu'algérienne ou chérifienne; le lettré de Kairouan peut discuter exégèse coranique avec ses collègues de la Medressah d'Alger ou de la Mosquée de Fez, et le maure, commerçant des cités, se retrouve, type immuable, dans les souks de Tunis, de Constantine ou de Marrakech; enfin, dans le Sud, le touareg rôde aussi bien dans les confins tunisiens que dans les confins algériens ou marocains. Mais, au-dessus de toutes ces similitudes, dominateur et égalisateur, règne l'Islam. L'immuabilité coranique de la doctrine et de la législation s'est définitivement substituée aux multiples empreintes numides, carthaginoises, romaines et chrétiennes qui s'étaient, au cours de l'histoire, implantées dans notre Afrique du Nord.

Il nous est apparu qu'après trente-trois mois de la plus dure épreuve que la France ait eu à supporter, il y avait lieu de se demander comment ce bloc qu'est l'Afrique du Nord et dont certains éléments venaient à peine d'entrer dans la grande famille française, avait subi ce choc. Au début de la guerre, c'était là une question angoissante. Allions-nous perdre le fruit de tant d'efforts ou, au contraire, allions-nous recueillir la récompense de notre persévérance? Un examen, même rapide, de la situation de l'Afrique du Nord après de longs mois de lutte, permet de regarder l'avenir avec assurance; le sang prodigué par notre armée d'Afrique sur tous les champs de bataille, depuis la prise d'Alger, n'aura pas été vainement répandu.

Rien de ce qui touche à la grandeur de la France ne doit être, en ce moment, négligé. Jeter un rapide regard sur une partie de notre œuvre africaine ne peut qu'être un stimulant puissant en vue de supporter avec vaillance le dernier quart d'heure. A considérer, même succinctement, ce que nous avons réalisé en Afrique du Nord, nous ressentons plus nettement ce que vaut et peut notre race. Nous prenons mieux conscience de notre passé et puisons également une foi nouvelle dans les belles destinées qu'attendent la France libérée ou, pour être juste, toutes « les Frances » victorieuses.

Nous rappellerons, au cours de ces quelques lignes, quels problèmes divers s'agitaient en

Afrique du Nord avant la guerre et montrerons, avec orgueil, comment nos possessions ont fait face à la tourmente. Nous indiquerons combien précieuse sera pour nous, à l'heure de la reconstitution de la France dévastée, la collaboration de ces terres africaines si décriées jadis et qui sont, dès maintenant, comme la chair de notre chair. De l'essor économique de l'Afrique du Nord dépendra en grande partie le plus ou moins prompt relèvement de notre Patrie.

Pour que l'Afrique du Nord puisse donner ce que l'on attend d'elle, il faut déterminer, enfin, d'une façon rationnelle, son organisation administrative et politique, il faut rechercher comment ne pas faire œuvre dispersée, partant stérile, mais, au contraire, comment coordonner les efforts en un rythme harmonieux, parce que venant de directives concordantes. C'est ce que nous avons essayé d'indiquer en terminant ce travail.

L'œuvre de l'après-guerre ne doit pas être improvisée. Des études nombreuses doivent la précéder. C'est à celles-ci que nous avons voulu, dans notre modeste sphère, collaborer.

PREMIÈRE PARTIE

LES QUESTIONS POLITIQUES ET SOCIALES NORD-AFRICAINES DE L'AVANT-GUERRE

CHAPITRE I

LA POLITIQUE INDIGÈNE EN ALGÉRIE

Le maréchal de Bourmont en recevant la soumission du dey Hussein et en prenant possession d'Alger-la-Barbaresque, devenue de ce jour Alger, la grande métropole française d'Afrique, commit une faute : il ne crut pas devoir suivre les précieux renseignements que lui communiqua spontanément, avant son départ pour l'exil, le dey sur l'état politique de la Régence et des diverses contrées voisines. Après avoir vaincu Hussein, le maréchal ne voulut pas associer son ennemi à l'œuvre de conquête qu'il allait entreprendre. Ce fut une erreur d'où sont nées en grande partie les difficultés de la conquête de l'Algérie. Il est juste de dire que l'armée d'Afrique était à peine formée, et que la fructueuse politique d'association était ignorée des ministres d'alors autant que des généraux. Le temps est un grand maître, au Morgreb comme ailleurs.

Toutefois, de Bourmont, se rappelant l'histoire de l'Expédition d'Égypte, s'efforça de ne pas heurter les convictions coraniques des Algériens. Un des articles de la capitulation déclare que l'exercice de la religion musulmane sera rigoureusement respecté par l'armée française. De fait, la période du Ramadan étant tombée quelques jours après l'entrée des Français à Alger, ce fut le canon national qui fit connaître aux fidèles soit l'heure du lever du soleil, soit celle de son coucher.

Depuis 1830 notre politique indigène a évolué, mais trop longtemps elle resta liée aux fluctuations de l'état intérieur de la métropole dont elle fut, en quelque sorte, une image déformée. Au début, notre action sur les masses indigènes a été incohérente pour ne pas dire plus, et la raison en était notre ignorance complète du peuplement indigène. Nous n'avons pas su pratiquer le vieux principe de Machiavel : diviser pour régner, car nous ne savions rien des luttes intestines qui étaient comme à l'état endémique en Afrique du Nord. Nous ne pensions pas à opposer le Berbère à l'Arabe, les chefs de la région constantinoise à ceux de l'Oranie ; bien plus, nous avons, pour ainsi dire, par le malencontreux traité de la Tafna, consacré la renommée d'Abd-el-Kader, simple rogui jusqu'alors comme il y en eut tant sur la terre africaine. Nous ignorions également que toute bonne politique indigène se double d'une excellente politique économique, ainsi que le prouve notre œuvre actuelle au Maroc. Enfin, en chassant les éléments susceptibles de nous servir, en méconnaissant les services qu'ils auraient pu nous rendre, nous nous sommes trouvés face à face avec les populations indigènes avec nos seuls préjugés et notre civilisation et elles avec leurs mœurs et leurs principes, sans ces intermédiaires nécessaires par lesquels nos directives eussent été en quelque sorte, non traduites purement et simplement, mais adaptées aux contingences des milieux où elles étaient appelées à jouer.

En prenant possession de la terre algérienne, tout incitait malheureusement les Pouvoirs publics à pratiquer la désastreuse politique dite du refoulement : l'hostilité des populations locales, la nécessité de faire le vide non seulement devant nos colonnes mais aussi à l'arrière, le souvenir encore présent à bien des mémoires de la révolte du Caire, ainsi que l'arrivée chaque année plus dense du flot des émigrants français. Puis, grâce aux efforts de Bugeaud, la conquête devenue à la fois et plus assurée et plus étendue, on comprit que c'était folie que de penser pouvoir refouler les Arabes, mais au contraire qu'il était de l'intérêt même de la colonisation de maintenir les indigènes auprès des centres nouvellement créés. De ce jour, la question indigène était née en Algérie par le fait même du contact étroit des populations locales et des conquérants, comme l'a très judicieusement remarqué, dans un rapport officiel, le très distingué directeur au Ministère des Colonies, M. Duchène :

« La nation conquérante est amenée à instituer en leur (celle des colons) faveur une condition particulière, à créer pour eux un droit spécial et privilégié dont le premier principe comme l'*ultima ratio* sera peut-être la loi du plus fort : *ego nominor leo*, mais qui est inévitable. Il en serait ainsi alors même que la colonisation met en présence deux populations de même race. A plus forte raison en est-il de même si les populations en contact sont de race différente, celle qui vient du dehors et prétend rester dans la place, à tort ou à raison, se réclame d'une civilisation supérieure. »

Mais ce droit spécial et privilégié, cette condition particulière ne sont chose nécessaire qu'un moment. C'est un problème singulièrement complexe que de trouver le *modus vivendi* le plus équitable pour permettre à 5 millions d'indigènes, de se hausser par étapes successives au niveau des 700.000 Européens habitant l'Algérie. Tout semble s'opposer à cette fusion de deux races dont les langues, la religion, la civilisation, le code et la morale sont si différents les uns des autres. Pendant plus d'un demi-siècle on s'est efforcé de trouver la formule magique. Le second Empire avait cru découvrir, par l'intermédiaire du Prince Napoléon, la solution en rêvant la constilution du royaume arabe, vaste conception tuée par l'action néfaste des célèbres bureaux arabes. Après nos désastres de 1870, après la révolte qui les suivit, on proposa le remède du cantonnement, brusquement abandonné pour le démocratique, mais combien imprudent système dit de l'assimilation.

Essayer de résoudre la question indigène par la pratique d'une politique d'assimilation, c'est aller à des catastrophes. Jules Ferry, du haut de la tribune, a réduit à néant les sophismes des politiciens qui préconisaient pour l'Algérie, l'application de cette désastreuse doctrine : « Les lois françaises n'ont pas la vertu magique de franciser tous les rivages sur lesquels on les importe; les milieux sociaux résistent et se défendent, et il faut en tout pays que le présent compte grandement avec le passé. » La question indigène en Algérie n'était pas résolue par la signature de quelques décrets déclarant que telle classe ou tel groupe de la société avait telle ou telle prérogative, elle dépasse singulièrement les problèmes qui se posent dans la métropole, car devant notre action se dresse l'Islam. C'est ce que nous avons trop longtemps méconnu.

Une plus longue expérience coloniale, la formation de professionnels des choses d'outre-mer, publicistes, officiers ou administrateurs, le contact plus rapproché avec l'Islam tunisien, marocain et soudanais amenèrent heureusement une réaction dans l'œuvre assimilatrice de Chanzy et d'Albert Grévy.

Aussi l'Algérie indigène, ballottée depuis 1830 entre de multiples doctrines et après avoir été successiment un vaste camp militaire, un royaume arabe, une réunion de simples départements français, vit avec soulagement prendre corps la seule politique possible à suivre à son égard, celle dite de l'association. On a, enfin, compris que vouloir faire de nos sujets algériens des Français semblables aux paysans beaucerons, gascons ou normands, aux ouvriers parisiens ou lyonnais, c'était tenter l'impossible, mais que c'était, cependant, une impérieuse nécessité que d'associer à notre œuvre civilisatrice, les 5 millions d'Arabes de notre Nouvelle France. La force brutale seule ne pourrait suffire à maintenir notre domaine africain intact, la manière forte finit toujours par jeter des semences de haine qu'un maître de l'heure sait, en temps opportun, faire germer pour chasser l'envahisseur. Il faut « que les indigènes voient en nous autre chose que des gendarmes ou des marchands ». Il faut que la France règne sur ses sujets musulmans, non par la peur, mais, au contraire, par la communauté d'intérêts et par la reconnaissance de l'œuvre civilisatrice accomplie en leur faveur. La formule nouvelle est celle de Gallieni, de Jonnart, de Lyautey, c'est « l'association ».

Les moyens de la réaliser consistent à faire en sorte que « les derniers venus dans la famille française ressentent chaque jour davantage le désir de vivre à nos côtés ». L'éminent gouverneur général Jonnart indiquait ainsi, quelques mois avant la guerre, les directives de cette politique si féconde en heureux résultats : « L'expérience et la raison s'accordent à démontrer que la meilleure politique, la politique bienfaisante et féconde, est celle qui se garde de dédaigner les différences profondes des mœurs et des races, qui a soin de faire état de l'empreinte ineffaçable de la loi coranique sur le sol africain, mais qui prétend faire vivre et presque côte à côte des races diverses par l'association des intérêts et le rapprochement des cœurs. Cette politique a trouvé aujourd'hui sa formule ; elle tient compte des réalités, sans méconnaître jamais l'idée de justice et d'humanité qui est l'idée maîtresse de notre œuvre de colonisation. »

Comment rendre effective cette collaboration, ceci est le grand problème indigène de l'Afrique du Nord, « comment concilier les droits, les usages, le statut personnel et social de ces quinze millions d'indigènes, presque tous musulmans, avec le développement de la colonisation européenne et les lois de la démocratie française ? Il n'y a pas d'autres problèmes dans toute notre Afrique du Nord, car tous les autres en dérivent, et c'est évidemment de sa solution bonne, mauvaise ou simplement médiocre que dépendra le plus ou moins de grandeur de la France africaine du xxᵉ siècle[1] ». C'est à cette œuvre que, depuis vingt ans à peine, se sont attachés tous ceux qui, soit dans les conseils du gouvernement, soit sur place, ont

1. Henry Bérenger. Rapport présenté à la Commission spéciale sénatoriale de l'Algérie concernant les réformes de l'Indigénat, page 24.

eu à gérer les intérêts de l'Afrique du Nord. Pour l'Algérie plus spécialement, l'œuvre était délicate ; il y avait tout un passé à faire oublier, il y avait des blessures mal fermées à panser, des mesures maladroites à effacer. Comment, sans trop de heurts, en parvenant à vaincre ce sentiment sourd mais permanent qui restait contre notre domination, pratiquer cette politique d'association ? Le maréchal Bugeaud, qui s'y connaissait, répétait souvent que si l'on faisait bouillir dans la même marmite, jusqu'à la fin du monde, le musulman et le chrétien, ils ne se mélangeraient jamais. L'expérience a été faite, et malgré la prédiction du vainqueur d'Isly, nous sommes parvenus, sinon à mélanger le musulman et le chrétien, du moins à faire entre eux une telle union d'intérêts et de sentiments, que, malgré ses ténébreux et multiples efforts l'Allemagne a trouvé l'Afrique du Nord ne faisant qu'une même terre avec la France, devant l'agresseur.

Certes, l'action a pu paraître longue, les voies employées en vue de la réalisation de cette fusion ont pu sembler tortueuses, mais l'œuvre a été menée à bien. Il a fallu avant de gagner les cœurs, attacher les corps et cela a été l'œuvre de toute la série des heureuses mesures destinées à l'amélioration de la situation matérielle des populations indigènes. Parmi celles-ci, il faut citer le développement des sociétés indigènes de prévoyance, grâce auxquelles la crainte de la famine, si fréquente en raison des sévérités climatériques, de la nonchalance ou de l'inconscience arabe, a été définitivement écartée et la plaie de l'usure, dont les tristes conséquences frappaient si durement nos sujets, diminuée dans une notable proportion. On sait avec quelle faveur ont été accueillis, et par la population des villes et par les habitants des douars lointains, les dispensaires de l'assistance médicale gratuite ; les indigènes ont pris l'habitude de se faire soigner par le toubib officiel ; ce dernier a fait plus en quelques années, qu'un demi-siècle d'occupation. Enfin, par l'effet même de l'intensif essor économique de notre belle colonie, les indigènes ont vu leur bien-être s'accroître dans une très notable proportion ; ils ont été, en quelque sorte, assurés contre le lendemain ; d'instable, toujours à la merci d'une razzia ou d'une famine, leur sort s'est trouvé devenir stable ; les travailleurs agricoles ont vu non seulement leurs salaires augmenter, mais devenir réguliers, ceux des villes ont trouvé maints moyens d'existence et les payes des ouvriers indigènes leur permettent de vivre fort honorablement. En un mot, tous nos sujets, de quelques catégories auxquelles ils appartiennent, tirent un large profit de la « Paix française ».

Mais à n'associer à notre domination dans l'Afrique du Nord que des intérêts matériels, on risquait fort de lier son avenir à un corps sans âme. Il était nécessaire de transformer la mentalité de nos sujets, de les adapter en quelque sorte aux contingences nouvelles qu'entraîne notre domination dans le Nord de l'Afrique, tout en respectant les légitimes scrupules nés de l'observation des principes de l'Islam. Nous avons atteint, en effet, ce que l'on a très justement dénommé la « troisième période » dans laquelle il faut éviter l'esprit de système et où « tout en maintenant la prééminence des Français d'origine, on s'efforce, par des mesures graduelles, d'améliorer, non seulement en fait mais en droit, la condition des populations indigènes[1]. »

Pour élever jusqu'à nous l'élément indigène, après l'avoir rapproché de nous par la communauté des intérêts matériels, il fallait faire plus, il fallait éduquer ces populations frustres et chercher parmi la masse arabe les individualités susceptibles de former les cadres indigènes nécessaires à notre armée, à notre administration et aux divers conseils élus, qui ont la charge de gérer les choses algériennes. Le problème de l'éducation des indigènes domine la question ; il ne s'agit pas seulement de l'instruction générale, mais de l'instruction professionnelle permettant de former des artisans habiles. Il faut créer toujours plus de ces écoles pratiques où, comme pour les jeunes filles maures d'Alger, l'art antique de la fabrication des tapis est enseigné, de ces écoles normales, semblables à celles de la Bouzaréah, d'où sortent les jeunes instituteurs indigènes, de l'école de Maison Carrée, où sont formés de bons agriculteurs indigènes. Il s'agit également de l'admission, de plus

1. Rapport, déjà cité, de M. Duchène.

en plus nombreuse, de nos sujets dans notre Université d'Alger, en vue de la constitution d'une élite musulmane instruite et devenue française de cœur et d'esprit.

En dehors de ces divers problèmes, se pose celui de la participation de l'élément indigène, à la gestion des intérêts de l'Algérie, problème complexe, car il touche à la fois aux nécessités de maintenir notre souveraineté, aux revendications du peuplement français, et aux réclamations souvent justifiées de nos sujets.

Ce n'est pas du jour au lendemain que l'on peut apporter dans un pays en pleine évolution, la formule qui pourra contenter sans restrictions les colons comme les indigènes. L'expérience a permis de dégager, enfin, la doctrine dont les principes sont certainement ceux qui correspondent le mieux à l'état social de l'Algérie de nos jours, à savoir la politique d'association. Mais l'application en est difficile, il faut sans cesse pratiquer une mise au point nouvelle, serrer une vis par ici, desserrer par là un écrou et ceci est l'œuvre où ont excellé Laferrière et Jonnart et que conduit adroitement M. Lutaud. Il faut procéder par étapes successives. Dans un rapport fait au nom de la Commission sénatoriale chargée d'examiner une proposition de M. Ernest Morin, ayant pour objet de constituer une commission de dix-huit membres, élus au scrutin de liste, pour étudier les réformes que comporterait la situation de l'Algérie, M. Henry Bérenger écrivait ces quelques lignes: « Cependant l'erreur serait, par mégalomanie hâtive ou comparaisons imprudentes, de modifier radicalement le régime qui a fait l'Algérie ce qu'elle est, il ne serait pas moins erroné pour la France de se figer désormais dans un conservatisme béat pour tout ce qui concerne ce régime encore incomplet et inachevé.

Il ne faut pas se dissimuler que si un malaise moral s'accroît en Algérie malgré la prospérité matérielle de la colonie — créant un contraste pénible entre la misère du dedans et la splendeur du dehors — c'est en raison de l'absence d'une législation rationnelle à l'égard des indigènes. Ce malaise indigène qui se complique d'un malaise algérien, a des origines multiples que nous voudrions essayer de déterminer. Au point de vue politique indigène, le malaise dont il s'agit a pour point de départ la façon défectueuse dont les questions arabes ou kabyles sont étudiées par les conseils locaux, par suite d'une représentation indigène insuffisante, il est né également de la double absence d'une législation foncière et fiscale appropriée à ses besoins, et il s'est accru, enfin, des erreurs commises en ce qui concerne l'enseignement destiné à nos sujets. »

Il est indéniable que l'élément arabe n'est pas représenté au sein des assemblées locales ni d'une façon rationnelle, ni d'une manière utile. Actuellement les 4.708.000 indigènes, Arabes ou Kabyles, sont représentés effectivement dans les Conseils municipaux, dans les Conseils généraux, dans les

Délégations financières. Or, se sentant en état d'infériorité vis-à-vis de leurs collègues européens, respectueux, en outre, par nature, de l'autorité constituée, obéissant par atavisme aux désirs du beylick, les indigènes élus ne manifestent guère d'opposition, ne font pas preuve d'initiative ; leur rôle est timide et effacé. Ils se contentent d'approuver les décisions et se rangent à l'avis soit du maire, soit du préfet, soit du gouverneur général ; selon l'expression populaire, ce sont des « Beni-oui-oui ». Ce qui manque surtout à la représentation indigène, c'est l'assurance et le sentiment net des intérêts de leurs mandants. Elle se laisse, dans certains cas, brimer par l'élément européen ; le journal *Le Temps* insistait, le 27 décembre 1912, sur le sans-gêne avec lequel les municipalités algériennes traitent les intérêts des indigènes et faisait remarquer combien pèse peu l'influence des conseillers municipaux indigènes dans la gestion des affaires communales, arabes ou kabyles. L'article visé citait l'exemple de la municipalité de Tizi-Ouzou, offrant à la population européenne pour 15.000 francs de musique par an et refusant aux indigènes 1.000 francs pour se procurer de l'eau. Le rapport précité de M. Henry Bérenger contient en annexe une lettre d'un indigène naturalisé, sur les revendications indigènes : « Il faut que l'indigène puisse compter pour quelque chose au sein des assemblées algériennes et obtenir la part à laquelle a droit la masse qu'il représente. »

Toute la machine publique et sociale repose sur les budgets communal, départemental et colonial et ces budgets se trouvant presqu'en totalité entre les mains des élus européens, ceux-ci en disposent à leur gré et selon les caprices de leurs électeurs.

Les villes arabes les plus importantes et les plus pittoresques sont privées du nécessaire : l'eau, l'éclairage, les rues font défaut, le service de nettoiement et d'hygiène est insuffisamment appliqué, les cimetières ne sont pas clôturés, les écoles manquent, le médecin communal se désintéresse des indigents musulmans, tout cela à cause du peu d'autorité qu'ont les élus indigènes, alors qu'à côté, les bourgades européennes rivalisent en embellissement, avec l'argent du contribuable arabe.

Sans pécher d'arabophilie on peut et on doit reconnaître qu'il y a quelque chose à faire pour favoriser l'action de la représentation indigène. On sait que le Parlement, peu de mois avant la guerre, avait été saisi de la question de la crise algérienne. La Chambre n'a pas consacré moins de dix séances, en 1914, à débattre cet important problème et au cours de ces discussions, conduites avec toute l'ampleur désirable, la nécessité de réformer, en l'étendant davantage, la représentation indigène fut reconnue ainsi qu'en témoignent les termes de l'ordre du jour par lequel furent clôturées ces séances : « La Chambre, confiante dans le Gouvernement pour réaliser en Algérie à bref délai..... et pour modifier largement et améliorer le statut des indigènes, pour accorder à ceux-ci toutes les libertés compatibles avec la souveraineté française..... passe à l'ordre du jour. » Devançant l'initiative parlementaire le Pouvoir exécutif avait soumis à la Chambre, le 10 mars 1914, un projet de loi tendant à modifier la composition des Conseils généraux en Algérie, dans lequel, suivant l'exposé des motifs, était prévue une plus large représentation indigène dans les assemblées départementales. Déjà un premier pas avait été fait dans ce sens par le décret du 13 janvier 1914, qui a augmenté le nombre des conseillers municipaux indigènes, en le faisant passer du quart au tiers de l'effectif total du Conseil municipal avec un maximum de 12 au lieu 6. C'est notre regretté collègue Albin Rozet, qui fut chargé de rapporter le projet de loi concernant les Conseils généraux algériens, et qui a émis un rapport essentiellement favorable. L'honorable rapporteur est même allé jusqu'à écrire, que « la représentation actuelle des indigènes dans les Conseils généraux comme aux Délégations financières n'était qu'une façade ».

« C'est, ajoute M. Henry Bérenger, l'opinion de la majorité des Algériens, aussi bien indigènes que colons ou fonctionnaires. Comment, dès lors, ne pas comprendre que le projet actuel du gouvernement aurait dû se rattacher à un plan d'ensemble de législation élective indigène ? »

Ces lignes étaient écrites avant la guerre ; plus que jamais au lendemain des hostilités, lorsqu'il y aura lieu de reconnaître avec équité les services rendus par les uns et par les autres, il ne faudra pas oublier que nos Arabes et nos Kabyles d'Algérie n'ont pas failli à leur devoir, et n'ont pas démenti la prophétie que faisaient dans leur remarquable livre, la *Fête arabe*, les frères Tharaud, lorsqu'ils écrivaient : « O cavaliers arabes ! tant de fois déjà, depuis un siècle, nous nous sommes trouvés dans la mêlée côte à côte ! Aujourd'hui encore vous voici, fiers et fidèles, sur vos petits chevaux pour les charges guerrières et les joyeuses chevauchées de la mort ! »

Dès notre arrivée en Algérie, nous nous sommes trouvés en présence d'une double difficulté : établir une juste et équitable législation foncière et instituer un régime fiscal indigène libéral. Or, comme pour arrêter à jamais le mouvement d'émigration française, Napoléon III, hanté du rêve du royaume arabe, avait déclaré par le désastreux sénatus-consulte de 1863 que les tribus seraient propriétaires des terres, il a fallu faire machine en arrière, songer à la colonisation, mais la machine était faussée. Il nous a fallu faire acte de souveraineté, revendiquer comme nôtres les terres du beylick, ces terres que le droit coranique intitule « maouba », « terres mortes », et laisser intacte la propriété rurale. De tant d'intérêts divers devaient obligatoirement naître maints conflits. Rien n'a été fait pour les apaiser. M. Eugène Étienne avait déposé, le 8 novembre 1905, un projet de loi qui apportait la solution ; le projet ne fut même pas discuté ! Cependant, comme l'écrivait avec beaucoup de bon sens M. Henry Bérenger : « Tous les gens avertis savent bien en Algérie que l'égalité fiscale entre colons et indigènes, votée à l'unanimité par la Chambre des Députés, dans sa séance du 11 février 1914, ne pourra être réalisée qu'après une législation foncière toujours promise et toujours différée. »

La législation foncière algérienne est un maquis de textes où se heurtent les doctrines les plus contradictoires et dont le chef-d'œuvre fut la loi du 26 juillet 1873, soumettant « tout le territoire algérien à la loi foncière française », c'est-à-dire imposant aux populations indigènes les rigueurs du code Napoléon. Dès 1886, une commission, instituée par le gouverneur général Tirman, à la suite de l'échec de la loi de 1873 sur la francisation de la terre, estima que la sécurité pour les acquéreurs et la mobilité du sol pour les vendeurs n'existeront en Algérie que si on attribue un système d'immatriculation analogue au système de l'*Act Torrens*.

Une loi du 16 février 1897 apporta cependant un certain progrès en instituant un titre de propriété qui procure sécurité au détenteur, mais ainsi que le faisait remarquer M. Pouyanne, délégué financier, chargé d'étudier la question, la loi de 1897 manque partout son but, car « les indigènes n'observent nullement les prescriptions de la loi française ; ils constatent leurs transactions au moyen d'actes informes dressés à prix réduit par des agents d'affaires ou par les interprètes, et ces contrats irréguliers ne sont jamais transcrits ». La loi de 1897, au surplus, n'oblige pas à tenir le titre de propriété au courant des mutations postérieures.

Les Délégations financières, après de laborieux travaux s'inspirant de la législation tunisienne, mirent sur pied un projet d'application de l'*Act Torrens*, application facultative, et égale pour les Européens et indigènes. C'est de ce projet qu'était née en 1905 l'initiative que nous avons rappelée de M. Eugène Étienne, alors ministre de l'Intérieur.

Depuis la question est en suspens; les Délégations financières en sont encore saisies et une commission formée à cet effet a formulé les mêmes conclusions dont se sont inspirés les projets précédents concernant l'application de l'*Act Torrens* à notre grande colonie africaine. C'est la réforme qui devra être réalisée sans délais au lendemain des hostilités. Il serait peut-être sage de l'effectuer dès maintenant; elle est urgente et rien ne s'oppose à ce qu'elle puisse être appliquée. Ce serait heureusement préparer les voies à l'effort agricole de l'après-guerre.

A la réforme de la législation foncière « toujours promise et toujours différée » se rattache celle des impôts indigènes. La question date de loin, mais elle a gardé, malgré le temps, son caractère aigu et il est même plus juste de dire qu'elle s'est aggravée; l'inégalité des charges fiscales qui frappent la population indigène apparaît, en effet, plus étrange d'année en année, car, en matière de contributions directes, nos sujets doivent payer non seulement les impôts arabes qui portent sur la propriété foncière non bâtie, mais aussi toutes les autres impositions directes qu'acquittent les Européens, lesquels sont exempts de tout impôt sur le foncier bâti. Il y a là une inégalité choquante, mais il y a plus, les impôts arabes eux-mêmes varient suivant les lieux. Le Gouverneur général de l'Algérie écrivait en 1912 : « Je reconnais que des inégalités choquantes existent dans le régime impositaire appliqué aux indigènes. Dans le département d'Alger, l'impôt achour est calculé d'après la superficie réellement cultivée, quelle que soit cette superficie, et d'après le rendement de la récolte Dans le département de Constantine, il y a un taux unique applicable à toute charrue attelée, quelle que soit la surface qu'elle parcourt; en sorte, il peut arriver qu'un contribuable labourant huit hectares, par exemple, paye autant d'impôt qu'un autre qui en laboure quinze, parce que l'un et l'autre n'attellent qu'une charrue. Enfin, dans le département d'Oran et spécialement dans la région de Tlemcen c'est la superficie et la qualité de la récolte qui servent à déterminer la cote du contribuable. D'autres inégalités existent encore pour la lezma de Kabylie sans autre raison que d'avoir existé de tout temps. » Ce sont ces inégalités qu'il faut abolir, causes de tant de justes réclamations, et auxquelles il faut attribuer par exemple ce mouvement d'exode pour la Syrie qui s'était si fâcheusement produit justement dans la région de Tlemcen ; la péréquation des impôts arabes s'impose.

En ce qui concerne la répartition des charges fiscales entre l'élément européen et l'élément indigène, elle se réalisera sous peu ; ce n'est pas en vain qu'après de laborieuses discussions, la Chambre a, en 1914, voté l'ordre du jour que nous avons déjà cité, demandant « la réalisation à bref délai de l'égalité fiscale ». Au surplus, ainsi que l'a démontré M. Henry Bérenger, cette inégalité n'est pas si grande qu'elle ne puisse être aisément abolie, car il résulte de ses calculs que « la population européenne étant de 746.510 habitants et la population indigène de 4.289.474 habitants, la charge par tête d'habitant a été en 1911 de 86, 50 par Européen et 10, 53 par indigène ».

Aux réformes fiscales se rattache la réforme de l'octroi de mer. Ne conviendrait-il pas de modifier les décrets de 1875 et de 1890 concernant la répartition de l'octroi de mer et, ainsi qu'on l'a proposé, de ramener à 1/8 la part des communes de plein exercice et porter à 1/20 celle des communes mixtes. Cette répartition aurait pour effet d'améliorer la situation budgétaire des communes mixtes et la condition de leur nombreuse population indigène. Il y a lieu également de modifier le mode de perception des impôts indigènes dont l'agent principal est le caïd, fonctionnaire trop mal payé pour offrir toutes les garanties désirables. La solde des caïds vient d'être relevée et fixée à 1.200 francs, mais c'est insuffisant; il faudrait un meilleur recrutement basé sur un concours nécessitant une certaine instruction et non sur des compromissions de politique locale.

Le malaise qui étreignait avant la guerre l'élément arabe et kabyle de l'Algérie avait encore d'autres raisons et notamment celle du sentiment de son infériorité intellectuelle. Il y a en Algérie un nombre formidable d'illettrés; on peut sans exagérer évaluer que sur 10 Arabes, 9 sont illettrés et très peu parlent français. Si nous voulons faire de la politique d'association, il faut avant tout développer l'instruction primaire. Un spécialiste des questions nord-africaines, M. Augustin Bernard, écrivait que : « L'école apparaît comme le plus puissant instrument dont nous disposons pour modifier la société indigène et son état d'esprit. » On a fait un effort considérable, mais des erreurs ont été commises et l'attention des Pouvoirs publics doit plus que jamais être appelée sur ce problème. Jusqu'en 1892, rien ou a peu près rien n'avait été fait en faveur de l'enseignement primaire des indigènes. On avait institué un corps de maîtres pris parmi les jeunes élèves arabes ou kabyles de Bouzaréah, mais les visées étaient modestes, on n'osait voir grand, les Délégations financières se montraient défiantes. Nés de cette absence d'instruction, certains mouvements se sont récemment produits dans des centres éloignés, le sous-préfet de Batna et un administrateur sont tombés sous les coups de quelques énergumènes. Ces mouvements n'ont pas eu de répercussion, ils ne pouvaient pas en avoir, car ils n'avaient pris jour qu'au sein de populations ignorantes. « Pour conjurer les malentendus toujours possibles, a déclaré, lors de la dernière session des Délégations financières, avec sa grande autorité, M. le Gouverneur général Lutaud, il faut des remèdes d'une portée plus lointaine et d'une efficacité plus sûre. Que sont-ils?

« Tout d'abord, l'enseignement des indigènes. Oui, Messieurs, rendons hommage à ces précurseurs d'il y a trente ans qui, surmontant les oppositions et les railleries, ont planté des écoles primaires au bord des falaises abruptes de la Kabylie. Ce sont les véritables vainqueurs de cette région tourmentée. Si, aujourd'hui, ce pays, rangé le dernier sous notre souveraineté, que sa situation géographique et l'esprit indépendant de ses habitants prédisposaient à la résistance, nous fournit les meilleurs auxiliaires militaires, agricoles ou industriels, c'est qu'il a été pénétré par l'école.

« Les Chaouïa de l'arrondissement de Batna sont des montagnards et des indépendants comme les Kabyles : instruisons-les, et dans trente ans, ils seront nos meilleurs collaborateurs.

« Aussi mon premier geste de combat a-t-il consisté à demander à M. le recteur un programme de scolarisation destiné aux fractions les plus éloignées et les plus frustes. »

La question de l'enseignement des indigènes n'est pas comme d'aucuns le prétendent œuvre de luxe inutile, c'est une question vitale. Avant la déclaration de guerre, la Chambre avait été saisie par MM. René Renoult, Ministre de l'Intérieur, et René Viviani, Ministre de l'Instruction publique, d'un projet de loi relatif aux dépenses de construction des écoles primaires spéciales aux indigènes de l'Algérie et qui visait à donner à l'Algérie, c'est-à-dire au budget colonial, la charge de présider à la construction des écoles indigènes sans l'intervention des communes. Ce projet est, comme on l'a fait remarquer, largement justifié par l'inertie presqu'universelle des municipalités algériennes en matière d'éducation et d'instruction indigène[1].

Pour instruire il faut des locaux : or, en Algérie, les prix de construction ont augmenté de 30 p. 100. En outre, les traitements des maîtres doivent être majorés, sous peine de ne pouvoir en assurer le recrutement. Depuis 1908, l'État verse 80 p. 100 du prix de la dépense totale, mais il lui faut recourir à la collaboration de la commune pour la création des écoles indigènes. « Voilà, disait en 1913 M. Jonnart, le vice essentiel du système! La création des écoles indigènes est une entreprise communale. Pourquoi, dans une œuvre qui est au premier chef de souveraineté nationale, ne pas confier à l'État le premier rôle? Que l'État paye, mais qu'il décide. » Les événements actuels ont empêché que le projet de loi soit discuté encore, nul doute que le Parlement ne reprenne, sur un plan plus large encore, ce grave problème.

1. Rapport de M. Henry Bérenger op. c. page 33.

A l'heure actuelle l'enseignement primaire indigène comprend des écoles dites principales, édifiées dans les villes, et des écoles dites auxiliaires pour les petites agglomérations. Un effort assez considérable a été fait pour les écoles du premier groupe, pour les autres de fâcheuses mauvaises volontés les ont transformées en « écoles gourbis », devenues le point de départ de polémiques déplorables. Quoi qu'il en soit, des résultats ont été obtenus, les crédits destinés à l'enseignement indigène qui étaient de 9.336.000 francs dans la décade 1890 à 1900, ont atteint de 1901 à 1911 16.255.000 francs. Mais il reste beaucoup à faire : plus de 90.000 garçons en âge scolaire errent dans les rues et à travers la campagne ; rien ou à peu près n'a été entrepris pour les filles. Le nombre total des petits indigènes des deux sexes est de 850.000. Pour les scolariser il faudrait 20.000 classes. Les plus récents projets prévoient que 120.000 garçons indigènes pourront être instruits. Il faudrait obtenir un crédit annuel de 1.700.500 francs au minimum pour les écoles indigènes.

En dehors de la question du local se pose la question du programme. On a longtemps raillé nos méthodes d'enseignement indigène d'après lesquelles nos petits sujets apprenaient « ce qu'étaient nos pères les Gaulois ». Des progrès ont été réalisés, et maintenant les jeunes Arabes n'ont pas pour but unique d'atteindre le certificat primaire, mais d'apprendre à suivre une conversation simple en français, à rédiger une lettre, à faire un compte, et à connaître ce que c'est que la France et l'œuvre poursuivie par nous en Algérie.

L'enseignement primaire seul ne suffit pas, il faut qu'il soit doublé par un enseignement professionnel, il faut que nos colons et nos industriels algériens trouvent près d'eux parmi l'élément arabe et kabyle ces modestes mais indispensables artisans, charrons, serruriers, maçons, bourreliers, etc. ; il faut des fermes-écoles et des ateliers d'apprentissage. Il faut plus encore, il est nécessaire d'organiser des œuvres postscolaires, destinées à ne pas laisser s'évaporer le bénéfice de l'école, à creuser, à vivifier le sillon tracé par les maîtres, à cimenter en un mot l'œuvre de rapprochement et de pénétration des races.

A mesure que les diverses populations algériennes se trouvent en contact plus étroit avec nous, le problème de l'enseignement indigène devient comme une des sources de ces malentendus que nous devons tarir. En remettre l'étude au lendemain serait une faute, il y a là une cause constante de cet indéfinissable mais réel malaise qui s'était emparé de la masse de nos sujets à la veille de la guerre.

Parmi les autres causes, plus ou moins efficientes, de cet état de choses, il faut citer l'irritante question de la réforme du Code de l'indigénat. Le cadre que nous nous sommes imposé ne permet que de la signaler ; elle a été, du reste, largement traitée à la Chambre au début de 1914. D'autres questions se sont encore posées au cours de ces dernières années : entrée des musulmans dans les fonctions publiques de tout ordre, réformes de la procédure civile et des offices ministériels.

Mais, dominant tout le reste et en étant comme la clé de voûte, s'affirme l'absence de toute véritable politique musulmane. On peut dire que ni le Gouvernement Général, ni le Ministère de l'Intérieur, ni les Assemblées locales n'ont suivi une politique cohérente vis-à-vis de l'Islam algérien. Depuis peu, des efforts ont été tentés dans ce sens, on a cherché à coordonner nos directives en la matière, le Ministère de l'Intérieur est représenté à la Commission des Affaires musulmanes, mais ce n'est là qu'un premier pas. On peut, sans être taxé d'exagérations, déclarer que les flottements que l'on sentait sourdre dans le peuplement indigène de l'Algérie venait de l'inexistence d'une véritable politique musulmane, fruit d'une longue expérience et d'une tradition basée sur une savante connaissance des milieux indigènes, une politique semblable à celle que nos Alliés anglais ont su, avec une maîtrise incomparable, pratiquer parmi les États musulmans de l'Empire des Indes.

CHAPITRE II

LE PEUPLEMENT EUROPÉEN EN ALGÉRIE

Pendant de longues années l'Algérie n'a été qu'un vaste camp où l'élément colon était l'exception, le militaire dominant tout. Aussi semble-t-il logique que, dans les premières années de l'occupation, la seule politique suivie fut celle de l'assujettissement, tant pour les indigènes que pour les Européens. L'ordonnance du 1er Juillet 1834 institua plus un état de siège qu'une organisation administrative. Le général en chef, transformé en gouverneur général, garda des pouvoirs forts, plus compatibles avec ceux d'un chef militaire que nécessaires à un haut fonctionnaire. Cette politique d'autorité fut encore accentuée par l'ordonnance de 1845 restreignant au profit du Ministre de la guerre les pouvoirs du Gouverneur général. Mais, déjà, les contingences du milieu s'étaient modifiées. L'élément colon était de plus en plus important, la population civile ne comprenait plus seulement, comme durant les premières années, des mercantis âpres au gain et des aventuriers ténébreux, mais aussi d'honnêtes agriculteurs, de loyaux commerçants et même quelques-uns de ces soldats-laboureurs, chers au maréchal Bugeaud. Or, il advint, ce qui arrive toujours en pareil cas, que l'élément civil et l'élément militaire eurent bien des points de frictions et, dès 1845, la lutte entre le pouvoir militaire et le pouvoir civil débuta sur la terre algérienne. La presse libérale de la métropole s'empara des revendications des colons ; certains parlementaires menèrent le combat en faveur de la liberté politique des Algériens, et, en défendant celle-ci, ils attaquaient le régime d'alors. La Révolution de 1848 permit de réaliser ces aspirations ; les colons furent traités sur le pied d'égalité avec les citoyens de France ; la plupart des services furent rattachés aux ministères compétents ; la colonie fut divisée en départements. Des députés devaient représenter l'Algérie au corps législatif. C'est ce que l'on a appelé la première assimilation. Cette politique assimilative fut continuée sous les toutes premières années de l'Empire par le prince Jérôme Bonaparte placé à la tête du Ministère de l'Algérie et des Colonies. Mais bientôt le régime militaire fut rétabli en la personne du maréchal Pélissier nommé Gouverneur général. Bien plus, à la suite du voyage de l'Empereur en Algérie, les intérêts des colons et le développement de la colonie furent en partie sacrifiés à la politique arabe de Napoléon III. Mais les résistances se précisaient, on ne voulait plus de l'organisation d'un royaume arabe ; la population européenne augmentait dans de notables proportions, et nombreux étaient les « proscrits de 48 » en « résidence » en Algérie et qui luttaient en faveur de l'extension de leurs droits. C'est en 1868 qu'un proscrit, Prévost-Paradol, publiait son remarquable ouvrage *La France Nouvelle*, où il déclarait que « l'Afrique ne doit pas être pour nous un comptoir comme l'Inde, ni seulement un camp et un champ d'exercice pour notre armée ou encore un champ d'expérience pour nos philanthropes; c'est une terre française qui doit être le plus tôt possible peuplée, possédée et cultivée par des Français si nous voulons qu'elle puisse un jour peser de notre côté dans l'arrangement des affaires humaines ». Le peuplement européen prenait conscience de sa force, aussi « quand un peu d'air avait fini par pénétrer dans les rouages de la machine gouvernementale jusqu'alors si hermétiquement fermée, ce fut du côté de l'Algérie que se portèrent les premières investigations du Corps législatif[1] ». Diverses commissions extra-parlementaires furent envoyées en Afrique et l'une d'elles, dont le rapporteur fut M. Armand Béhic, conclut en 1869 à la nécessité de doter l'Algérie d'un Gouvernement autonome et d'un budget spécial.

Malgré les vœux des députés libéraux, ce ne fut pas vers l'autonomie qu'évolua, après les désastres de l'Année Terrible, l'organisation administrative de l'Algérie, mais au contraire vers une assimilation très étroite avec la Métropole. En effet, après le provisoire de 1870, le Gouverneur général Chanzy débarqua à Alger, avec le programme assimilateur

---

1. D'Haussonville, *La Colonisation officielle en Algérie.*

suivant : « L'initiative à Alger, la décision à Paris l'exécution à Alger, le contrôle à Paris ». Albert Grévy accentua encore cette politique que les décrets de 1881, dits décrets de rattachement, consacrent définitivement. Par ces décrets la totalité des services civils sont repassés aux Ministres matériellement compétents qui les restituent au Gouverneur à titre de pouvoirs délégués. Or, il advint que le rattachement des divers services aux différents Ministères eut pour conséquences le désarroi et la mauvaise gestion administrative. Les affaires erraient entre Paris et Alger, Alger et Paris. Les chefs de service correspondaient directement avec le Ministère dont ils dépendaient et ignoraient le Gouverneur. Suivant une heureuse image de M. Jonnart, « les services algériens en 1886 ressemblent fort aux étages des grandes maisons parisiennes où les locataires ne se connaissent ni de nom ni de vue ». Le budget algérien, éparpillé entre les divers départements, ne formait plus une unité : « L'obscurité se fit et l'on ne sut plus ce que coûtait l'Algérie, ni surtout ce qu'elle rapportait. » Dans l'ordre économique, le développement de la Colonie était arrêté par l'absence d'un outillage approprié à l'extension toujours croissante du commerce et de la colonisation. Vers 1885 un véritable malaise régnait en Algérie, origine de troubles politiques et sociaux.

C'est alors que Jules Ferry éclaira le Parlement sur le rôle néfaste des décrets de rattachement. Burdeau apporta à la vibrante parole de

Jules Ferry l'appui d'une argumentation remarquable. A la suite de ces interventions le législateur se déclara partisan d'une politique décentralisatrice : un décret de 1896 restitua au Gouverneur général « des pouvoirs forts », que renforça un autre décret de 1898. Depuis cette date, l'Algérie forme un tout, placé sous la haute direction du Gouverneur général. En vue d'aider ce haut fonctionnaire et en prévision du don prochain de l'autonomie financière, le décret de 1898 institue les Délégations financières, assemblées locales destinées suivant le texte même du décret « à apporter au Gouverneur général le concours d'opinions libres, d'avis éclairés et de vœux réfléchis émis par les représentants directs des contribuables algériens sur toutes les questions d'impôts et des taxes assimilées ». Le budget promis fut créé par la loi du 19 décembre 1900 qui dote l'Algérie de la « personnalité civile » et d'un « budget spécial ».

Ce que l'on omet trop souvent de dire c'est qu'après avoir donné à notre grande possession la personnalité civile et un budget spécial, cette même loi du 19 décembre 1900 contient un article 2 ainsi conçu : « Il sera statué par une loi sur l'organisation et les attributions du Conseil supérieur et des Délégations financières. Provisoirement ces institutions seront régies par les décrets du 23 août 1898. » Nous ne serions pas en France si le provisoire n'était pas chose de longue haleine. Aussi ce n'est point sans une certaine amertume que M. Henry Bérenger pouvait écrire dans son rapport, dont nous avons déjà cité plusieurs passages : « La loi du 19 décembre 1900 conférait bien à l'Algérie sa personnalité civile et un budget autonome, elle renforçait bien les pouvoirs d'autorité du Gouverneur général mais elle ajournait à une loi future l'organisation définitive des pouvoirs de contrôle de l'Algérie !

Or, l'Algérie se plaint que, depuis quatorze ans, la loi annoncée en 1900 n'ait jamais été présentée ni délibérée ! La bâtisse provisoire, dénoncée par le législateur de 1900 dans son article 2, a duré. Depuis lors elle menace de s'éterniser. Rien de sérieux n'a été fait par les gouvernements successifs pour obtenir du Parlement français le vote de la loi de contrôle nécessaire à l'organisation algérienne.

..... Comment, en effet, régler, par des lois ou des décrets de détail, les relations des indigènes et des colons avec l'administration, si le régime du provisoire dénoncé par la loi de 1900 n'est pas encore remplacé par du définitif en ces matières essentielles du gouvernement et du contrôle ? N'est-ce pas la raison effective du malaise moral qui trouble l'Algérie jusque dans sa santé matérielle, qui l'empêche de donner à la France l'impression de stabilité harmonieuse où se reconnaissent les organismes d'évolution supérieure ? »

Il suffit, pour en être tout à fait convaincu, non seulement de suivre au jour le jour la presse algérienne de toutes les opinions ou d'interroger chez eux colons et indigènes, mais surtout de relire, dans le compte rendu officiel des délégations financières de 1911 et de 1912, les débats qui se sont élevés au sein de ces assemblées à propos de l'inachèvement de la charte algérienne autrefois promise par la loi de 1900.

Ces débats, auxquels prirent part des représentants algériens aussi autorisés que MM. Morinaud, de Redon, Huc, Lefebvre, Lisbonne, etc., eurent, comme conclusion, un ordre du jour ainsi conçu : « Les délégations financières émettent le vœu qu'une Commission soit instituée dans le plus bref délai par l'administration pour examiner les modifications qu'il y aurait lieu d'apporter au fonctionnement et à l'organisation des assemblées algériennes. »

Quelles sont les mesures que demandent les Algériens pour parfaire la Charte qui leur a été octroyée ? Nous connaissons celle-ci par les délibérations des Délégations financières et on peut les résumer ainsi : obtenir, enfin, que le provisoire de 1898 prenne fin et qu'un Conseil colonial algérien soit créé. Ce que les Algériens ne désirent plus voir se perpétuer, c'est cette coexistence du Conseil supérieur et des Délégations. Les attributions restreintes du Conseil supérieur, sa composition qui donne à l'élément fonctionnaire une prépondérance marquée, l'impossibilité dans laquelle il se trouve d'étendre les propositions admises par les Délégations, font du Conseil supérieur une assemblée sans intérêt. Pour beaucoup, le seul contrôle du Parlement apparaît constituer un contrôle sévère et suffisant de l'assemblée des Délégations financières. Outre la suppression du Conseil supérieur, il est réclamé des modifications dans le régime de l'électorat, de l'éligibilité, dans la composition et dans les méthodes de travail de l'Assemblée algérienne. Ces revendications un membre des Délégations, M. Lisbonne, les a ainsi résumées en 1912, dans un remarquable rapport :

« Aujourd'hui ayant à voter le budget de l'Algérie et pouvant proposer des réformes importantes, notamment au point de vue fiscal, pourquoi différencier l'assemblée algérienne des conseils municipaux et des conseils généraux ?

Ces considérations nous amèneront à penser qu'il faudrait supprimer cette division de colons et de non-colons et, par suite, décider que les Délégations financières devront être élues par un seul corps électoral, qui serait le corps électoral de droit commun.

On ne s'explique pas, en effet, les conditions imposées un peu arbitrairement pour être inscrit sur les listes électorales des délégations financières : inégalité en raison de la situation de fortune, inégalité en raison de l'origine.

Il y a donc lieu de modifier le régime de l'élection et de s'en référer, à ce sujet, très simplement à la loi municipale.

Nous estimons, en conséquence, qu'il n'y a plus lieu de maintenir les différentes sections, les catégories d'électeurs et qu'une première réforme s'impose : constituer une assemblée unique élue par les électeurs inscrits sur la liste municipale.

Ainsi disparaîtront ces délibérations interminables et inutiles en sections séparées.

Nos travaux y gagneront en rapidité et en clarté.

Que se passe-t-il aujourd'hui? Toutes les questions soumises à notre assemblée, et spécialement le budget, sont discutées dans les quatre délégations, quatre rapports sont faits, délibérés et soumis à l'assemblée plénière.

Ne serait-il pas plus simple qu'un seul rapporteur soit désigné et dépose un seul rapport émanant d'une commission unique?

Cela est si vrai que nous n'avons pas hésité à constituer des grandes commissions composées de représentants de chacune des sections, lorsqu'il s'agit de questions importantes et que nos quatre commissions de travaux se réunissent pour examiner les projets qui nous sont soumis?

C'est la condamnation sans appel du système actuel.

Quant aux délibérations de l'assemblée unique constituée par les représentants élus au suffrage universel, sauf pour les indigènes, dont le régime doit être quelque peu différent, elles doivent recevoir la publicité la plus complète.

On a déjà critiqué le huis clos des séances des délégations et ce, avec raison.

On ne peut admettre que nos mandants n'aient pas le droit de contrôler nos actes en assistant à nos délibérations.

Pourquoi donc cette interdiction?

De quelle cause tire-t-elle son principe?

Sous un régime démocratique tel que le nôtre où il importe de donner à l'électeur, les droits les plus étendus, pourquoi lui défendre de se rendre compte de la façon dont les élus remplissent leur mission?

Mais au point de vue moral n'est-ce pas nécessaire?

Par la publicité des séances, le pays saura ce qui se passe, ce qui se dit, ce que l'on décide.

On ne pourra plus, par des critiques sans fondement, mal intentionnées, travestir nos résolutions; on connaitra la vérité; par suite, plus de racontars, plus d'inventions plus ou moins malveillantes.

C'est au grand jour que doit délibérer une assemblée où se discutent les questions les plus graves, dont dépendent les destinées de l'Algérie.

Quant aux attributions de cette assemblée, elles doivent être augmentées dans une large mesure.

Notre vie économique ne peut être à la merci de personnes ignorant nos besoins et nos aspirations.

En matière de chemins de fer notamment, les pouvoirs de notre assemblée doivent être étendus.

Sans vouloir légiférer et substituer un parlement algérien au Parlement français, il serait cependant nécessaire de laisser à ce parlement algérien une certaine latitude dans la question entièrement algérienne.

La loi de 1900 nous donne le droit de voter les impôts.

Mais certaines réformes peuvent n'avoir pas une importance aussi considérable et échappent à notre compétence.

Il y a là dans l'intérêt de l'Algérie une étude à faire.

L'année dernière, nous avions préconisé une autre réforme qui pourrait d'ailleurs être facilement effectuée.

Il s'agit de la permanence de la commission des finances.

Combien serait facilitée la tâche de cette commission si elle pouvait fonctionner toute l'année.

Saisie du projet du budget avant l'ouverture de la session, elle en aurait fait un examen complet lorsque les délégations se réuniraient.

Le mécanisme lui serait plus familier et le contrôle des dépenses plus efficace.

En relation constante avec l'administration, elle rendrait les mêmes services que la commission départementale émanant des conseils généraux.

Ses attributions pourraient être modifiées et étudiées.

Ce sont là des réformes dont l'intérêt ne peut échapper à l'assemblée.

Les considérations qui précèdent ne constituent qu'une indication de nature à mettre en lumière les imperfections de notre organisation.

Les inconvénients que nous vous signalons, nous les constatons tous les jours, à chaque minute.

Nous comptons sur l'administration pour mettre un terme à ce provisoire aussi défectueux.

En conséquence, votre première commission émet le vœu qu'une commission soit instituée dans le plus bref délai par l'administration pour examiner les modifications qu'il y aurait lieu d'apporter au fonctionnement et à l'organisation des assemblées algériennes. »

Ce sont là de simples mesures de mise au point. Il est regrettable que ni en 1913 ni en 1914 il n'ait été rien fait par les Pouvoirs publics pour donner satisfaction aux desiderata de l'opinion publique algérienne. Quelques mois avant la guerre, en juin 1914, les Délégations avaient émis le vœu qu'un article ainsi conçu soit inséré dans la nouvelle loi de finances :

« Les délégations ne délibèrent qu'en commun sur rapport des grandes commissions qu'elles élisent dès leur première séance.

Les amendements aux budgets sont envoyés directement par leurs auteurs à la commission des finances et discutés en même temps que le budget sur avis de cette commission qui sera composée de 23 membres dont 5 indigènes.

Les séances des délégations sont publiques. »

A ces justes réclamations sont venues se greffer comme de mauvaises graines, ce que l'on a dénommé « des poussées de séparatisme qu'il est trop facile de vouloir expliquer ensuite par le fanatisme musulman, s'il s'agit d'indigènes, ou par la francisation de trop fraîche date, s'il s'agit de ces

Algériens dénommés aujourd'hui communément les Néo ». « Les colonies anglaises fonctionnent parfaitement grâce à la latitude qu'on leur laisse de marcher avec leurs propres moyens et de se développer sans coûter un sou à la métropole ; il faut parler haut et ferme et réclamer l'autonomie coloniale », disait, en séance du Conseil municipal de Constantine, M. Réjou. La création d'un parlement algérien hantait maints esprits bien avant 1911 : en juin 1897, à la réunion de la Commission interdépartementale, réunie en vue de discuter l'organisation nouvelle de l'Algérie, M. Giraud demanda « s'il ne serait pas préférable de régler les questions algériennes par des décrets après avis du Conseil colonial ». M. Marchal, dans cette même réunion, demanda la suppression de la représentation algérienne au Parlement français. N'est-ce pas encore cette idée du gouvernement autonome qui faisait écrire à M. G. Bons, délégué financier, dans la *Dépêche Algérienne* du 9 février 1912, ces quelques lignes : « Supposons un Gouverneur général de l'Afrique du Nord armé de façon à pouvoir exercer avec suite et pleine autorité son action personnelle comme chef d'Etat, responsable d'un Etat dépendant, organe unique de liaison entre cet Etat et l'Etat métropolitain, aidé de Conseils et d'assemblées locales, mais en situation d'agir d'après son propre mouvement, les yeux fixés sur le pays qu'il doit gouverner et non attirés sans cesse avec inquiétude du côté de la Métropole. »

Le mouvement autonomiste n'est pas un vain mot; trop d'éléments étrangers, espagnols, italiens et maltais ont intérêt à le voir se développer. Il ne faut pas oublier qu'en Algérie la proportion des étrangers aux nationaux est de 280 p. 1.000. En France, cette même proportion est d'environ 25 p. 1.000. L'esprit autonomiste existe dans certains milieux et c'est aux parties saines de la population à le combattre et à méditer les sages paroles de M. Lutaud, prononcées à Alger le 15 décembre 1911. « Le mot autonomie, s'il venait à être pris dans son sens littéral, risquerait de prêter à l'équivoque. Il est sonore, grandiloquent, prestigieux, mais il traduit inexactement les aspirations de l'Algérie... L'Algérie veut rester partie intégrante de la France. Elle veut rester soumise à sa législation généreuse, elle demande simplement que les lois soient appliquées en Algérie avec les modalités que comporte sa situation économique et ethnique. Au mot autonomie il est préférable de substituer le mot décentralisation. »

Le mot autonomie choque les esprits métropolitains qui ne font pas la part de l'exubérance naturelle transméditerranéenne. Les Algériens ne doivent point être abandonnés « au désœuvrement de leur pensée et aux fantaisies de leur imagination [1] ». Ce sont des exaltés, en effet, qui prononcent des paroles comme celles-ci : « Si l'on ne

1. Discours prononcé en décembre 1912 à la Société des Anciens Elèves des Sciences politiques, par M. Jonnart.

donnait pas satisfaction aux revendications d'un peuple qui ne réclame que le droit à la vie et qui frémit d'impatience en voyant sa laborieuse activité, son opiniâtre énergie entravées, meurtries, anéanties, par des formules surannées et des méthodes funestes, il faudrait craindre que les sentiments de colère qui fermentent actuellement au cœur des Algériens ne prissent les proportions d'une véritable révolte; les populations de la Colonie sont ardemment attachées à la Métropole, mais il serait criminel de les exaspérer. » L'autonomie politique de l'Algérie est un mot creux. La vraie formule de la politique de nos possessions nord-africaines semble être celle que dès 1892 Jules Ferry avait su dégager : « L'autonomie peut être politique et c'est alors la grande route de la séparation. Mais elle peut être aussi purement administrative, résider dans une organisation locale puissante, contrôlée de haut par la Métropole, mais libre dans ses mouvements, statuant sur place, faisant place aux nécessités continuellement changeantes d'un état de choses en voie de formation, d'un perpétuel devenir. »

L'autonomie politique, en effet, est un mot qui peut frapper l'orgueil des néo-Français, mais fait sourire les métropolitains : « Dans les circonstances présentes le mot autonomie est un propos ridicule, une vraie gasconnade, puisque, ou bien les colons devront entretenir et payer l'armée, ou bien, si les colons devaient renoncer à notre armée, ils seraient jetés à la mer par les Arabes »[1].

Il fallait que l'on ouvrit une soupape légale aux instincts d'émancipation qui bouillonnent dans ce sang des races algériennes si pittoresquement évoqué naguère par le romancier Louis Bertrand.

La grande guerre est venue et l'union sacrée s'est faite, reléguant ces grands mots creux d'autonomie, de séparatisme; une et indivisible s'est trouvée l'Algérie aux côtés de la Métropole et c'est avec le sang de ses enfants de toutes races, qu'elle a à jamais cimenté son union avec la mère-patrie.

Le problème reste néanmoins entier. Dernièrement encore, M. Jonnart le rappelait en ces termes lors d'une conférence : « Qu'on n'hésite pas à étendre les franchises dont a bénéficié l'Algérie à la condition de fortifier encore le contrôle politique et administratif du pouvoir central. Loin de se relâcher les liens qui unissent la colonie à la métropole se resserront de plus en plus. Soyez assurés que, si quelque mouvement de désaffectation était à craindre, il serait la conséquence d'un système de compression, de centralisation à outrance, supprimant l'initiative et la responsabilité des assemblées locales, paralysant leur activité, retardant les solutions, décrétant à contre-temps, multipliant les chances de conflits et d'erreurs. Le régime de décentralisation ne saurait inquiéter, du moment qu'à de nouveaux droits correspondent de nouveaux devoirs. »

1. P. Leroy-Beaulieu.

Il est temps de faire quelque chose pour l'Algérie, il serait juste de reconnaître, non par des discours, mais par la réalisation des mesures administratives tant attendues, que les Algériens ont tous bien mérité de la patrie.

CHAPITRE III

LES QUESTIONS POLITIQUES ET SOCIALES DE L'AVANT-
GUERRE DANS LES PROTECTORATS NORD-AFRICAINS

En Tunisie comme au Maroc, nous avons pu, dès le début, pratiquer une heureuse politique indigène grâce à l'expérience algérienne. On sait comment nous avons substitué au principe rigide et quelque peu brutal de l'annexion la formule souple et féconde en résultats immédiats du protectorat. Dans une récente conférence sur la Tunisie, M. Joseph Chailley expliquait en termes excellents à un public mondain le mécanisme de nos Protectorats nord-africains : « Le protectorat est un heureux expédient, une forme ingénieuse de la politique indigène.

Nous avons occupé la Tunisie en 1881, à la suite du Congrès de Berlin, avec l'agrément de toute l'Europe, sauf de l'Italie qui la convoitait. L'Allemagne nous y poussait ; elle préparait déjà ce glissement de l'Autriche à la politique orientale d'où est sortie la guerre actuelle, et l'Angleterre de Disraeli et de Victoria n'y trouvait rien à redire. Donc les nations d'Europe consentaient, mais les Tunisiens, ceux chez qui nous nous installions, ils nous voyaient venir, n'en doutez pas, d'un œil peu satisfait. Non pas exactement par patriotisme : la notion de patrie n'était pas alors la même chez eux que chez nous. Pour les musulmans de cette époque, la patrie c'était avant tout l'Islam. Mais ils avaient leur religion, leurs coutumes, leurs préjugés, leurs habitudes ; ils étaient attachés à leur dynastie, à leurs chefs, à leurs lois. N'est-ce que cela ? leur dit-on ; le protectorat vous les laissera ; gardez votre bey, vos caïds, vos juges ; vous n'avez affaire qu'à eux ; nos fonctionnaires vous ne les verrez quasiment jamais. — Quelle sera donc leur fonction, à ces fonctionnaires que les administrés ne verront pas ? La plus essentielle : ils contrôleront les chefs discrètement, doucement. Ils ménageront leur amour-propre, mais ils ne toléreront pas qu'un ordre se donne ou s'exécute, sans qu'ils l'aient d'abord autorisé, qu'une lettre soit écrite et transmise sans qu'ils l'aient lue et contresignée. Faute de leur contre-seing ni la lettre ni l'ordre ne valent. Par le contrôle, ils s'opposeront à tant d'injustices, de concussions, de pillages éhontés qui étaient alors de règle dans ce pays.

Chose admirable, contre cette réforme, qui leur apportait la justice et l'intégrité, les peuples ne protestèrent pas. C'est qu'elle leur vint sous le couvert de leurs chefs traditionnels. Mais ces chefs eux-mêmes, le bey et ses ministres et ses caïds qu'allaient-ils penser ? Songez combien pour eux le régime antérieur était commode. Et songez aussi à tout ce que le protectorat va leur imposer, à tout ce qu'il va leur falloir apprendre : faire désormais une différence entre leur bourse et celle d'autrui ; respecter la vie et la liberté de leurs sujets ; parfois obéir ; parfois même travailler. Pour les y déterminer, sans bruit, sans éclat, le protectorat aura à faire jouer les plus délicats des ressorts. Et les résultats, que furent-ils ? Les voici. Le bey avait des dettes ; elles sont payées et il a une liste civile décente et libre. Il avait engagé ses biens : nous avons remboursé l'hypothèque. Le fonctionnaire n'avait qu'un traitement théorique : il le touche régulièrement. L'impôt, trop lourd, se levait souvent deux ou trois fois : il est équitable et modéré et versé seulement contre quittance à l'agent qualifié. Tout le monde est rallié à notre règle définitivement. Ceux qui jadis s'étaient exilés pour s'y soustraire, spontanément sont rentrés. Y a-t-il eu miracle ? Point. Cette transformation est due à l'application scrupuleuse de cette triple formule : être juste, préparer l'avenir, respecter le passé. »

Unie à la France par ce lien de lointaine souveraineté qu'est le système du Protectorat, la Tunisie a, depuis la signature du traité du Bardo, poursuivi sa marche vers la complète mise en valeur de ses richesses naturelles. L'effort économique réalisé par la Régence a été considérable et on peut dire que c'est vers quoi s'est tendue toute l'activité des indigènes comme celle des colons et non vers des discussions stériles et dangereuses. « De tous nos établissements coloniaux, la Tunisie est, sans nul doute, celui qui s'est développé avec le plus de rapidité, qui a exigé le moins de sacrifices de la part de la métropole et où l'accord a été le plus complet entre les indigènes et les Français [1]. »

Ce qui a fait la « réussite tunisienne » c'est que notre contact avec les éléments indigènes s'est fait sans heurts, grâce au principe du Protectorat ; au lieu d'obliger les 1.780.000 Tunisiens à se « franciser » et à s'adapter tant bien que mal, plutôt mal que bien, aux règles de notre législation, on s'est efforcé « d'islamiser » les vérités occidentales en les plaçant sous l'autorité d'un texte du Coran ou d'un de ses commentateurs invoqués à propos. Malgré une bonne volonté évidente de part et d'autre, de réelles difficultés ont surgi ; elles ont été aplanies et les questions de politique indigène en Tunisie se ramènent à l'examen de ces quelques questions qui, à la veille de la guerre, avaient reçu ou allaient recevoir une heureuse solution.

Un point très délicat s'était posé dès la constitution du Protectorat tunisien : celui de la modernisation nécessaire de la justice tunisienne et de ses principes directeurs. Peu avant la guerre le Résident général, M. Alapetite, avait fait à ce sujet les déclarations suivantes : « Nous n'avons pas cherché à détruire la justice indigène pas plus que nous n'avons voulu détruire l'administration

1. De Lanessan. — *La Tunisie*, édition 1916.

indigène. Je ne chercherai pas à dissimuler ce qu'il peut y avoir d'archaïque dans le fonctionnement de la justice musulmane. Mais est-ce une raison pour en faire table rase? Nous croyons que cette justice a besoin d'être réformée et nous y travaillons de notre mieux. Nous cherchons à prendre les choses de loin, à préparer l'avenir; et comme nous ne pouvons pas avoir la prétention d'enseigner le Coran mieux que les musulmans, comme il y a quelques années, le Coran était l'unique source du Droit en Tunisie, nous avons amené les musulmans à consentir à avoir des codes écrits, les codes nous les établissons aussitôt que possible. Nous faisons à peu près un code en dix-huit mois. Il est dû à l'initiative de quelques jurisconsultes. Nous le faisons passer au double crible d'une commission française et d'une commission musulmane avant de lui donner une sanction définitive. Ces codes, une fois écrits, peuvent devenir la matière d'un enseignement spécial, enseignement qui peut être donné par des Français ou avec le concours de Français. C'est ainsi que se sécularisera, avec le ménagement désirable des transitions, la justice musulmane.

Nous préparons des fonctionnaires français qui ne prendront pas la place des magistrats indigènes, qui ne s'assiéront pas sur leurs fauteuils, mais qui seront chargés de voir comment se rend la justice, de le voir au nom de la France et, toutes les fois qu'un abus leur paraîtra avoir été commis, de déférer au tribunal d'appel la sentence qui aura été rendue. » [1]

C'est avec le même esprit c'est-à-dire avec le même souci de ne pas froisser les sentiments indigènes qu'a été institué le tribunal mixte où sont traités les litiges immobiliers entre Européens et Tunisiens, alors que ces mêmes affaires, lorsque des indigènes seuls sont en cause sont jugées par le tribunal religieux de la Chaara.

« Dans toutes les colonies, a écrit M. de Lanessan, la question de la justice est la plus délicate à résoudre, parce qu'elle soulève soit des problèmes religieux, soit des problèmes familiaux et sociaux ayant une importance capitale aux yeux des populations indigènes. C'est donc une matière que la nation colonisatrice ne doit traiter qu'avec une extrême réserve. En Tunisie nous avons eu la sagesse de respecter les anciennes organisations, sauf à les modifier petit à petit dans l'intérêt des populations plutôt qu'en conformité de nos conceptions particulières. »

La question de l'organisation judiciaire est-elle, en Tunisie, entièrement résolue? Elle soulève encore quelques critiques, mais on peut dire que ce sont là des critiques, qui portent, non sur les principes directeurs, mais sur les modalités d'application de ces mêmes principes. Il s'agit de mise au point, le temps et nos expériences s'en chargeront.

1. Discours de M. Alapetite, Résident général de Tunisie, Chambre des Députés, 26 janvier 1912.

Une bonne justice permet d'appliquer avec équité le régime de la propriété tel que les lois locales l'ont fixé. On sait combien en pays musulman le problème de la propriété indigène est complexe; on se rappelle vers quelles erreurs ont été entraîné les divers gouvernements métropolitains qui ont cru pouvoir régler d'un coup de plume la propriété indigène en Algérie et à quelles conséquences a abouti, dans cette colonie, la néfaste loi du 26 juillet 1873. En Tunisie, nous nous sommes efforcés de favoriser la constitution de propriété privée par l'extension dans la Régence du système de l'*Act Torrens* qui procure aux terres, qu'elles appartiennent à des indigènes ou à des Européens, la sécurité par le procédé de l'immatriculation faite à l'aide de la mensuration, de la délimitation astronomique et de la publicité. Mais le problème foncier ne consistait pas seulement à régler l'immatriculation des terres; il fallait restreindre les abus nés de ces nombreuses propriétés collectives dont le sol du Protectorat est parsemé et de la présence des biens « habous ». Trop de terres échappent de ce fait à toute mise en valeur et on dut rechercher un procédé qui assure aux colons à des prix raisonnables des baux, sinon perpétuels du moins de très longue durée. Ce procédé, c'est l'enzel.

L'enzel ne s'applique qu'aux biens habous, c'est-à-dire à des fondations pieuses. Or l'acquéreur d'un immeuble non immatriculé court une infinité de dangers dont un des principaux est la tromperie possible du propriétaire indigène quant à la qualité du bien melk ou habou du terrain.

Le bien melk implique la naissance d'un droit de propriété et de jouissance complet : le droit de se servir de la chose, le droit d'en percevoir les fruits et le droit d'en disposer librement. Une terre ne peut vraiment être réputée bien melk que lorsqu'elle a été immatriculée. Toutes les terres mises en vente par les Domaines du Protectorat sont des terres melks.

Le bien habou est un bien voué par le chef de la famille à la divinité, ce qui a pour effet de le rendre inaliénable et imprescriptible. Aux temps des confiscations par les beys des terres de leurs sujets, beaucoup de biens furent ainsi déclarés habous par leurs propriétaires pour en conserver la paisible jouissance à leurs descendants. En principe, dès que la ligne directe était éteinte, le bien habou revenait en propriété et jouissance à l'établissement religieux dévolutaire. Avec le temps, l'institution s'est peu à peu modifiée et il s'est constitué deux sortes de biens habous :

1° Les habous publics, c'est-à-dire les biens qui font retour à l'œuvre pieuse après la disparition des bénéficiaires appelés par le titre constitutif;

2° Les habous privés, c'est-à-dire les biens dont l'usufruit peut appartenir aux dévolutaires successifs.

Toute vente de biens habous privés est donc par conséquent nulle, ces biens restant inaliénables et imprescriptibles. Ils sont de plus généralement indivis, l'indivision constituant une obligation imposée par la loi du Chaara, excepté lorsqu'il s'agit d'un partage de jouissance entre les bénéficiaires du habou.

La constitution de ces sortes de biens entraîne deux sortes de conséquences, l'une au point de vue particulier des acquéreurs, l'autre au point de vue général du domaine tunisien :

1° Pour l'acquéreur d'un bien en Tunisie, autre que ceux mis en vente par le Protectorat — qui sont, comme nous l'avons vu, toujours biens melks — il y a un danger réel de tromperie, quant à la qualité du bien qui lui est offert.

Son seul moyen de défense pour se prémunir contre les risques de fraude, c'est de subordonner à l'immatriculation le paiement du bien acheté.

On pourrait, à la vérité, songer à organiser un recensement des habous privés et à établir une déchéance pour le cas de non déclaration dans un délai déterminé, mais quelque long que puisse être le délai fixé, étant donnée l'inertie des indigènes, beaucoup encourraient cette déchéance, ce qui ne pourrait avoir lieu sans froisser profondément la population, à raison du caractère religieux attaché à cette institution pour laquelle les vrais musulmans ont un respect profond.

Il y aurait aussi la solution algérienne qui consiste à déclarer comme valable et définitive la vente consentie par le dévolutaire d'un habou à un acquéreur de bonne foi. La question est de savoir si cette solution se concilierait avec les principes du Protectorat et avec la politique indigène pratiquée en Tunisie.

2° Pour le domaine tunisien, la constitution des habous privés, qu'on peut évaluer approximativement à 380.000 hectares [1], entrave les ventes de colonisation.

C'est ici que s'est posée la question de la mise en circulation des habous privés.

Dans un rapport parlementaire (budget de 1912), M. le sénateur Stéphen Pichon se montre très favorable à cette solution.

Il convient, toutefois, de remarquer que les habous sont aujourd'hui, en Tunisie, dans la circulation autant que le permet le respect des intentions des fondateurs. Les contrats dont ils peuvent faire l'objet sont l'échange, l'enzel et la location à long terme.

Le premier est une véritable vente; il peut être effectué en nature ou en argent par voie d'enchères et à charge de remploi du prix (décret du 31 janvier 1898).

L'enzel permet lui aussi de faire rentrer les immeubles habous dans la circulation, la Djemâa n'intervenant que pour toucher la rente et l'enzeliste pouvant, à son gré, céder le domaine utile, sous réserves, cependant, du consentement de l'administration des habous qui doit s'assurer que le

1. Il n'est pas possible de donner des chiffres présentant une précision absolue en ce qui concerne la superficie des habous privés, les derniers recensements n'ayant porté que sur les propriétés d'une certaine importance (20 hectares et au-dessus).

nouvel acquéreur présente les garanties nécessaires pour le paiement de la rente.

Un décret de février 1905, qui autorise, sous certaines conditions et moyennant paiement d'un nombre déterminé d'annuités de la rente, le rachat de l'enzel, donne au surplus à l'enzéliste le droit strict de rendre sa propriété franche.

Enfin, un décret du 12 avril 1913 a autorisé la cession à enzel de gré à gré aux indigènes qui les occupent, des vastes propriétés habous dites de « Zaouïas » qui englobent, en Tunisie, une superficie importante.

La location à long terme des habous peut être faite pour une période de dix années renouvelable, au gré du preneur et moyennant majoration, jusqu'à concurrence de 30 ans; mais si la Djemâa ou les bénéficiaires y consentent, le requérant peut faire inscrire dans le cahier des charges des enchères une clause lui donnant le droit de demander à la fin de la première période décennale la transformation de sa location en enzel sans enchères et à simple dire d'experts.

Quant à la suppression des habous privés, elle n'aurait pas seulement l'inconvénient de froisser les populations musulmanes, elle aurait encore celui de supprimer la seule institution qui permette à l'indigène, trop souvent imprévoyant et prodigue, de conserver un petit pécule inaliénable destiné à empêcher sa famille de mourir de faim.

La constitution à enzel, c'est-à-dire la location perpétuelle, des habous privés fournit d'ailleurs le moyen de concilier parfaitement les intérêts de la colonisation, à qui des terres sont offertes moyennant une redevance annuelle raisonnable (ce qui dispense l'agriculteur de débourser un gros capital au moment de son premier établissement) avec ceux bien compris de l'indigène dévolutaire de la fondation habou qui trouve dans la rente une sorte de pension viagère inaliénable lui assurant au moins ce qui est le plus indispensable pour sa subsistance.

Il est à remarquer que la constitution à enzel des habous privés, qui ne peut avoir lieu qu'après une adjudication publique et sur le vu d'un croquis établi par le service topographique, prépare généralement très bien l'immatriculation des immeubles qui en sont l'objet et, lorsque le preneur à enzel et les bénéficiaires de la rente unissent leurs efforts pour faire aboutir la réquisition comme c'est le plus souvent le cas, la procédure suit sans aucune difficulté son cours devant le tribunal mixte.

Nous avons tenu à exposer assez longuement le mécanisme de l'enzel, car c'est à notre avis une très intéressante expérience pour « éviter de substituer dans les actes les idées romaines et françaises de propriété à celles qui sont traditionnelles parmi les populations [1]. »

On parle fréquemment des bienfaits de la paix française. Beaucoup de gens emploient ce mot sans souvent se rendre un compte exact de sa signification. Il représente, cependant, tout un

1. De Lanessan, op. c. page 299.

ensemble de dispositións destinées à améliorer la condition des indigènes et à les amener, par une série de mesures appropriées, à bénéficier de plus en plus pleinement des avantages de notre civilisation.

Les dispositions que nous avons su introduire en Tunisie sont de différentes natures, mais tendent toutes vers l'amélioration du sort de nos protégés. Pour appliquer avec équité les ures d'assistance et d'entr'aide sociales il fau. ut d'abord chercher à établir un état civil pour la population indigène ; habituer cette dernière à faire régulièrement les déclarations d'état civil et donner à la famille une individualité marquée par le nom patronymique. Tel a été le but du décret du 28 décembre 1908.

Dans ce domaine particulier, le Protectorat n'a réussi encore qu'à demi ; si dans l'ensemble l'état civil indigène se complète peu à peu, il est, cependant, loin d'être au niveau qu'on désire atteindre. Pour obtenir un meilleur résultat, il faudrait :

1° Persuader à l'indigène qu'il ne se cache derrière l'établissement de l'état civil aucune mesure destinée à mieux assurer l'assiette fiscale ;

2° S'inspirer pour tous ces caïdats des mesures judicieuses, prises par la municipalité de Tunis, c'est-à-dire prime de 1 fr. 75 par déclaration donnée aux m'harreks (chefs de quartier) et aux sages-femmes ;

3° Prendre des sanctions contre les contrevenants ;

4° Étudier les mesures destinées à compléter les registres de l'état civil par la consignation des mariages et des divorces.

La famille indigène, une fois délimitée autant que possible, devrait bénéficier des différentes lois humanitaires, car l'assistance du prochain est recommandée par le Coran, elle est une des plus belles formes de l'action française dans nos possessions d'outre-mer. L'assistance aux indigènes a été assurée à l'aide de centimes additionnels spéciaux et, peu à peu, grâce à ces ressources, elle a étendu son champ d'action. Outre le grand hôpital Sadiki, maints petits hôpitaux, maints dispensaires ont été édifiés, plus de quarante médecins de colonisation soignent nos protégés jusqu'aux confins du désert, plus de 80.000 malades ont passé l'année dernière dans nos divers centres hospitaliers.

Guérir, c'est bien, prévoir le mal, c'est mieux. Deux plaies frappaient les populations nord-africaines : la famine et l'usure; l'une et l'autre étaient néfastes pour la santé, amenant la déchéance physique par suite des privations endurées soit par manque d'argent, soit par manque de nourriture. Ces deux plaies ont presque entièrement disparu par l'extension des Sociétés indigènes de Prévoyance, qui n'ont fonctionné en Tunisie que vers 1905 alors qu'en Algérie elles étaient déjà à cette époque en plein essor. Les Sociétés indigènes de prévoyance de la Régence ont rattrapé le temps perdu. Leur but et leur fonctionnement sont actuellement connus de tous. Le Résident général rappelait, en 1912, à la tribune de la Chambre qu'autrefois, lorsque la récolte avait été déficitaire, l'indigène devait emprunter au taux de 30 à 50 p. 100 les semailles qui lui étaient nécessaires. Or, grâce aux Sociétés de prévoyance, nos protégés reçoivent maintenant l'avance, au prix coûtant, des semences, s'ils s'en trouvent pour une raison ou pour une autre démunis. Bien plus, en 1911, les caisses des Sociétés indigènes de prévoyance ont été autorisées à effectuer des prêts à longs termes au profit des agriculteurs indigènes. Ces institutions viennent, en outre, en aide par des secours temporaires aux indigènes pauvres atteints par les maladies, les accidents, les calamités agricoles, contractent des assurances collectives contre l'incendie et la grêle et groupent leurs membres en associations coopératives d'achat et de vente. On peut dire que les Sociétés sont devenues comme une des chevilles ouvrières de la vie agricole indigène. Dans la seule année 1912, plus de 2 millions de prêts ont été répartis par elles. Pendant la guerre leur action a été très efficace et a soulagé bien des misères.

Le Protectorat n'a pas borné son ambition à assurer la vie matérielle de ses protégés, il s'est souvenu de la parole de Danton : « après le pain, l'instruction est le grand besoin de l'homme », et l'a mise en pratique aussi bien pour les populations européennes que pour les indigènes. Avec beaucoup de bon sens les autorités ont porté tout leur soin à l'enseignement professionnel, agricole ou industriel pour les jeunes Arabes.

L'enseignement agricole, d'une importance particulière dans ce pays où la très grande partie de la population est rurale, est donné dans les écoles primaires, grâce à de petites conférences et à l'existence d'un jardin de démonstration où l'instituteur montre à ses élèves la supériorité des méthodes culturales modernes sur les procédés indigènes. Le nombre sans cesse croissant des écoles primaires indigènes permet une diffusion plus intense de l'enseignement agricole. En 1912, sur 67 écoles rurales, 50 possédaient des jardins ou champs d'expériences représentant une surface totale de 31 hectares.

Mais à côté de cet enseignement rural très élémentaire se développe un véritable enseignement agricole indigène tel que la ferme-école de Sidi Nasseur, ouverte en octobre 1914 et le célèbre collège Alaoui où des cours d'agronomie sont professés.

L'enseignement professionnel tunisien est de plus en plus en faveur. Le Protectorat et le public tunisien ont compris combien il est nécessaire pour le développement économique de la Régence de relever les arts mineurs où excellèrent autrefois nos protégés. Des résultats notables ont été déjà obtenus pour le tissage, les tapis, la broderie sur étoffes et cuirs, les faïences. Il en est de même pour la pêche, une école de pêche et de navigation fonctionne à Sfax, une école professionnelle contenant plusieurs branches, entre autres celle du tissage, a été créée sous le nom d'école Émile-Loubet, et un enseignement professionnel est donné aux jeunes garçons indigènes de Nabeul qui désirent devenir de bons potiers ou de bons ouvriers céramistes. L'enseignement professionnel a été, innovation hardie mais heureuse, donné aux jeunes filles musulmanes. Il y avait, avant la déclaration de guerre, 11 écoles de petites musulmanes, avec 820 élèves, écoles où ces enfants reçoivent un enseignement pratique. Pour ne citer qu'un exemple, à Nabeul « l'enseignement de la broderie et de la dentelle a pris le caractère vraiment utilitaire d'une production industrielle régulière, permanente et aux débouchés assurés [1] ».

Développer l'enseignement industriel professionnel est utile, mais il est nécessaire également de former des apprentis indigènes. M. de Lanessan écrit à ce sujet : « Il y eut des résistances à vaincre pour réaliser ces œuvres en raison du dédain dans lequel les indigènes tiennent les travaux manuels. Cependant la nécessité de vivre a commencé à leur faire comprendre les avantages qu'ils trouveraient dans la connaissance de professions devant lesquelles les Européens ne reculent pas. Il a été possible, depuis 1909, de former des apprentis à Tunis, à Béja, à Bizerte, à Kairouan, à Nabeul, etc., pour les métiers de la menuiserie, de la ferblanterie, de la serrurerie, des forgerons,

1. Rapport sur l'Enseignement en Tunisie, année 1912.

maréchaux-ferrants. » Le public indigène apprécie de plus en plus les efforts faits dans le sens précité et on peut déclarer que l'œuvre de l'apprentissage rencontre la plus grande faveur auprès de l'opinion. L'effectif total des apprentis s'est accru de 172 unités du 1er janvier au 31 décembre 1913. Les patrons se rendent compte tous les jours davantage de l'intérêt qu'ils ont à puiser dans l'élément indigène une main-d'œuvre de qualité suffisante. Quant aux apprentis, soit sur place, soit en profitant des circonstances créées par l'émigration sur le Maroc, ils ont immédiatement trouvé à s'employer, moyennant des salaires honorables.

La question de l'enseignement professionnel et de l'apprentissage aura une importance considérable après la guerre. Il faudra, ainsi que nous chercherons à le montrer, mettre au point la question de l'enseignement professionnel de tous ceux qui sont venus en France, soit comme soldats, soit comme travailleurs, et il faudra prévoir que la colonie deviendra de plus en plus une contrée non pas exclusivement agricole, mais aussi industrielle. Il faudra également prévoir un plan plus vaste d'enseignement indigène, plan qui devra être suivi avec régularité, sans à-coups préjudiciables. Jusqu'ici on a pratiqué la méthode néfaste des petits paquets ; demain il faudra voir grand, avoir des crédits et savoir les dépenser avec compétence et sans mesquineries.

La nécessité de donner encore plus d'essor au

diverses dispositions prises en faveur des populations indigènes avait incité la Conférence consultative à émettre en novembre 1912 un vœu pour la création d'un organisme duquel ressortiraient toutes les questions relatives à l'agriculture indigène. Sur ratification du conseil supérieur, qui précisa que la nouvelle institution devait s'étendre à toutes les questions économiques, le gouvernement procéda à la mise au point de la nouvelle institution, qui reçut le nom de « Services économiques indigènes ».

Le but du service a été défini dans une lettre adressée par le Résident général, le 31 décembre 1912, au Secrétaire général du gouvernement tunisien : « Les préoccupations de ce nouveau service se porteraient exclusivement sur les questions économiques intéressant les indigènes. Il rassemblerait toutes les informations relatives à ces questions et ferait toutes les diligences nécessaires en vue des résultats à obtenir. L'œuvre de ce nouveau service consisterait, en somme, à généraliser dans l'ordre économique la tutelle salutaire qui a été accordée aux enfants par l'institution de l'enseignement professionnel et que les adultes connaissent, déjà par les sociétés de prévoyance. »

Pour coordonner les efforts, une conférence mensuelle des chefs de service intéressés, sous la présidence du Résident général, permet de régler toutes les questions d'un commun accord.

Dès l'année qui précéda la guerre, le nouveau

service fit preuve d'une activité digne de louanges :

1° Dans le domaine agricole. — Création de coopératives agricoles pour achat de machines, d'outils, de plants, de fumiers, etc., au moyen de prêts consentis aux agriculteurs par l'intermédiaire de la Société de prévoyance du caïdat.

. Tournées de conférences agricoles données en arabe par un agent de culture des services économiques. Trente-neuf de ces conférences, suivies de distributions de brochures, ont été faites au cours de l'année 1913 : 1° sur la plantation et la culture des arbres fruitiers ; 2° sur les pratiques agricoles indigènes actuelles et la méthode à suivre pour les améliorer ; 3° sur la culture des céréales : labours et instruments, semences et semailles, maladies et insectes, moissons et battages, conservation du grain et de la paille.

Distribution de primes consistant surtout en outils et instruments de culture aux fellahs les plus méritants.

Pour pousser le paysan tunisien à rénover ses méthodes de culture en lui faisant envisager la possibilité de pouvoir devenir propriétaire ou locataire à long terme, lotissement d'une fraction de l'henchir domanial de Gamonda à complanter en oliviers, essai de vivification et de mise en valeur des montagnes de Tamerza.

2° Dans le domaine industriel et commercial. — Institution de coopératives comme précédemment, pour achat en gros de matières premières. Ces coopératives étant rattachées à un organisme central dit « laboratoire d'essais industriels et commerciaux indigènes »; ce laboratoire procure ou aide à procurer les matières premières et l'outillage, recherche des débouchés et comprend des ateliers de démonstration et ateliers spéciaux de foulage, teinture ou autres.

Il y a lieu d'espérer que cet effort ne s'arrêtera pas en chemin, qu'après la guerre, le service économique indigène s'adonnera tout entier à la tâche de panser les blessures de toutes natures nées du grand conflit mondial, et, prenant exemple sur ce qui se fait au Maroc, créera une activité commerciale nouvelle dans la Régence, grâce à l'institution de foires et d'expositions locales.

« Donnez-moi de bonnes finances, et je ferai de la bonne politique », disait Sully à Henri IV. Ce qui a été vrai pour l'ancienne France l'a été également pour la Tunisie. A notre arrivée nous avons dû, sinon abattre l'arbre touffu du régime fiscal tunisien, du moins en émonder notablement les branches. Les impôts indigènes étaient trop lourds, inégalement répartis et donnaient lieu à de nombreuses concussions. Peu à peu, nous avons égalisé les charges et mis en harmonie avec les besoins des budgets modernes une législation fiscale trop ancienne et quelque peu vermoulue. S'il sort du cadre de cet ouvrage d'étudier la nature et le fonctionnement des impôts indigènes, il est permis de signaler l'œuvre pleine de bon sens et d'équité accomplie par la Conférence consultative pour la réforme fiscale. Cette assemblée, calquée sur les Délégations financières algériennes, a fait, en matières financières, une excellente besogne. C'est ainsi qu'elle a obtenu que l'achour, l'impôt le plus impopulaire de Tunisie, parce qu'il engendrait de multiples abus, serait amendé.

L'achour qui, jusqu'en 1910, avait eu pour base la méchia ou charrue, c'est-à-dire l'étendue de terrain susceptible de pouvoir être cultivée avec un attelage pendant une saison dans des conditions normales, a maintenant l'hectare comme base. Les indigènes étant peu familiarisés avec les mesures métriques de superficie, ont la faculté d'établir leurs déclarations sur la quantité de céréales ensemencées, quantité convertie ensuite en hectares au moyen d'un barème.

Le décret du 31 mars 1910, en même temps qu'il remplaçait la méchia par l'hectare, utilisait l'impôt à 6 fr. 60 l'hectare pour le blé et 3 fr. 60 pour l'orge. Ces tarifs, au lieu d'être uniformes comme ceux qui existaient précédemment, constituent des maxima susceptibles de réductions proportionnelles aux rendements des récoltes. L'ancien achour était un tarif uniforme indépendant de la récolte, de sorte que la récolte subissait le même tarif, quelle que fût son abondance ou sa médiocrité. Avec l'idée de proportionnalité à la base, l'impôt est devenu plus juste et plus équitable.

A la veille de la guerre, l'attention de la Conférence consultative avait été appelée sur les difficultés auxquelles donnaient lieu encore la perception de l'impôt achour : tarifs trop élevés, impôt ne taxant que le blé et l'orge, à l'exclusion des autres graines, inobservance des différences culturales du Nord et du Sud, détermination plus précise des conditions requises pour bénéficier du dégrèvement des neuf dixièmes accordé aux cultivateurs employant des charrues françaises.

Des réclamations relatives à une meilleure organisation de l'impôt canoun des oliviers, avaient été formulées par le collège indigène de la Conférence consultative, lors de sa session de 1913. Il était demandé que la taxe perçue à l'entrée des olives à Sousse fut supprimée et que l'exonération de l'olivier fut portée de vingt ans à vingt-cinq ans, époque où cet arbre est réellement productif.

Mais où l'action de la Conférence consultative obtint la réalisation d'une très importante réforme fiscale, ce fut en ce qui concerne la suppression de la Medjba et l'établissement de l'Istitan.

Jusqu'à la fin de 1913, une taxe de capitation, la Medjba, frappait en Tunisie les indigènes mâles musulmans et israélites, à l'exclusion des Européens et des indigènes algériens.

A la fin de 1909, son montant était de 25 fr. 85, accessoires compris. Elle représentait environ le sixième des ressources de l'État.

A partir du 1er janvier 1910, son montant fut réduit à 18 francs en principal, puis les centimes additionnels et accessoires disparurent au 1er janvier 1911. Pour l'année 1913, on comptait 379.824 assujettis.

Seulement, au cours de cette même année, des difficultés surgirent à propos de la Medjba, soulevées d'une part par les sujets marocains établis en Tunisie qui, se réclamant de leur qualité de protégés français, voulaient être assimilés aux citoyens algériens pour obtenir l'exemption d'impôt et, d'autre part, par les indigènes tripolitains, qui aboutissaient à la même conclusion, établissant que, depuis l'annexion de la Lybie, ils étaient devenus sujets italiens. De leur côté, les sujets tunisiens, avec juste raison, se déclaraient prêts à protester de la manière la plus véhémente si une de ces exceptions invoquées était prise en considération par le Protectorat.

On pouvait donc prévoir que le gouvernement tunisien allait se trouver aux prises avec les plus grandes difficultés pour la perception de la Medjba lorsque, au début de sa session de novembre 1913, la section française de la Conférence Consultative, sous la plus heureuse des inspirations, émit la motion suivante :

Dans un intérêt supérieur et patriotique, et en vue de donner à la France sa liberté d'action en Tunisie :

Les membres de la Section française de la Conférence consultative déclarent à l'unanimité demander :

1° Que l'impôt de capitation dit medjba, spécial aux indigènes tunisiens, soit supprimé;

2° Qu'un impôt nouveau soit établi sur tous les éléments de la population tunisienne, sans distinction entre les européens, les indigènes tunisiens ou étrangers, et sans exception aucune ;

3° Que le taux de cet impôt n'excède pas 10 francs et qu'il ne puisse être accru par aucun accessoire à la charge de la population qui ne paie pas présentement la medjba.

La nouvelle taxe a été instituée par décret beylical du 29 décembre 1913. Elle a reçu le nom de taxe personnelle, *ada el istitan* en arabe. Elle ne frappe que les personnes du sexe masculin domiciliées en Tunisie depuis 90 jours consécutifs au moins et qui sont âgées de plus de vingt ans au 1er janvier de l'année à laquelle s'applique la taxe, si elles peuvent justifier de leur âge par un état civil régulier, ou qui ont, dans le cas contraire, atteint, à cette date, l'âge de la puberté.

Une seule exception a été admise tant pour les européens que pour les indigènes : elle concerne les hommes de troupes, sous-officiers, et officiers des armées françaises de terre et de mer stationnés en Tunisie et les soldats, sous-officiers et officiers de la garde beylicale.

Pour bien marquer le caractère d'application générale et intégrale de la nouvelle taxe, S. A. le Bey prit l'initiative de faire savoir au secrétaire général du gouvernement qu'Elle entendait être inscrite en tête du rôle du nouvel impôt.

Dans l'histoire financière de la Tunisie, la suppression de la Medjba marque en même temps la suppression de toutes les immunités fiscales antérieures : aujourd'hui, à une seule exception près, celle des licences indigènes dont le rendement est minime (175.000 fr.), il n'existe plus d'impôt en Tunisie qui ne soit commun à tous les éléments de la population sans exception.

L'œuvre française dans la Régence se poursuit régulièrement; les pénibles événements de l'heure présente ont prouvé qu'elle n'était pas vaine. La Tunisie tout entière, l'aristocratie comme les humbles fellahs, les laborieux artisans comme les commerçants des souks, a secouru de toutes ses forces la France. Nombreux sont déjà les Tunisiens tombés en « bled el hard » en territoire de guerre, nombreux sont ceux qui, sans relâche, continuent malgré les difficultés actuelles, à tenir économiquement. Il apparaît même que la guerre est venue à un moment où certains grincements se faisaient entendre dans la machine gouvernementale de la Régence; certains heurts, inévitables dans une société brusquement amenée, d'un stade d'évolution comparable à notre Moyen-Age à celui de notre civilisation du xxᵉ siècle, s'étaient produits. Les divergences de vues qui s'étaient élevées se sont effacées devant le péril commun ; elles étaient, au surplus, peu profondes et nées plus de l'ambition de quelques jeunes que d'aspirations légitimes refoulées par un excès de brutalité de la part des occupants de la Tunisie. M. de Lanessan a, dans son ouvrage sur la Tunisie, analysé ces mouvements d'opinion qui s'étaient produits dans la Régence avant la guerre et les a ramenés à leur juste valeur. En dehors de la masse et au-dessus d'elle, il s'est formé, dit-il, dans la Régence, depuis une dizaine d'années, un petit groupe de personnalités tunisiennes assez instruites pour en imposer, assez remuantes pour attirer l'attention, et dont le verbe était assez haut pour qu'on l'entendît jusqu'aux alentours du Palais-Bourbon. C'est par les membres de ce petit aréopage que l'opinion sur la Tunisie a été faite pendant longtemps dans nos milieux parlementaires et gouvernementaux. On les désigna chez nous, et il semble bien qu'ils aient plu à se désigner eux mêmes, sous le titre de « Jeunes-Tunisiens » par analogie avec les « Jeunes-Turcs » pour lesquels ils affichaient une grande admiration.

Issus de familles bourgeoises tunisiennes, ayant reçu soit à Tunis soit en France même une éducation française, ils se sentaient supérieurs, à la fois aux « Vieux-Tunisiens » et à la masse du peuple. Intellectuellement, cette supériorité n'est pas douteuse. Elle a eu pour résultat de faire naître chez ceux qui la possèdent des ambitions dont il n'est pas impossible de contester la légitimité, mais qui ne surent pas se modérer et qui, surtout, méconnurent les nécessités du Protectorat. Ils n'aspiraient à rien moins qu'à prendre la place des Français dans le gouvernement et l'administration de leur pays et ne se montraient pas plus respectueux de l'autorité du Bey que de celle du Résident général. Peu sympathiques aux « Vieux-Tunisiens » et à peu près dépourvus d'autorité sur le peuple, ils ne pouvaient faire valoir leurs prétentions qu'en faisant de l'opposition à tous les pouvoirs constitués. N'avaient-ils pas appris dans la fréquentation de nos politiciens que c'est en France, par l'opposition, que l'on arrive? Ils faisaient donc de l'opposition et en faisaient même aux colons français qui, pour ce motif et quelques autres encore, leur sont en général défavorables. Au moment de l'avènement au pouvoir des « Jeunes-Turcs », quelques-uns d'entre eux allèrent plus loin encore : « A la suite des événements de Constantinople, déclare M. Alapetite (Discours du 26 janvier 1912), ils se sont dit que l'établissement de la France à Tunis les avait sans doute privés d'une occasion, qui n'aurait pas manqué pour eux, d'exercer le pouvoir dans leur pays », et c'est pour cela sans doute qu'ils firent de l'opposition au Bey; mais si la France n'avait pas le protectorat de la Tunisie, ils n'existeraient même pas, car c'est à elle qu'ils doivent leur formation intellectuelle; quand éclata la guerre entre l'Italie et la Turquie, à propos de la Tripolitaine, quelques uns « donnèrent à penser soit par leurs écrits soit par leurs discours, que c'était à la population des Roumis qu'ils en voulaient ». Ils allèrent jusqu'à former des complots et mirent le gouvernement du Protectorat, d'accord avec celui du Bey, dans la nécessité de prononcer certaines expulsions. Cette mesure suffit, du reste, pour faire rentrer dans l'ordre ceux qui avaient tenté de le troubler. Elle fut d'autant plus efficace que les expulsés ne trouvèrent pas en France les appuis sur lesquels ils avaient cru pouvoir compter;

leurs excès avaient ouvert les yeux de nos politiciens. Ils avaient aussi justifié la défiance qui leur était manifestée depuis longtemps par les colons français et éclairé les bureaux du Ministère des Affaires étrangères. Ceci est déjà de l'histoire ancienne, la guerre a posé de nouveaux problèmes indigènes et la collaboration étroite de tous les éléments « Vieux et Jeunes Tunisiens » sera plus que jamais nécessaire. Cette collaboration doit même être élargie encore et se doubler de celle de tous les éléments européens de la Régence comme de celle de tous les musulmans.

L'élément européen dont s'est peuplée la Régence est divers. En 1881, à l'époque de notre installation en Tunisie, il y avait 19.000 Européens de races italienne ou maltaise et 708 Français. En 1912 la Régence évaluait à 88.000 les Italiens résidant dans le Protectorat, à 11.300 les Maltais, à 3.000 les « nationalités diverses » et à 46.000 les Français. Comment allier les intérêts de ces différentes races avec les prérogatives légitimes et nécessaires de l'élément français? Tel fut le problème qui se posa dès la signature du traité du Bardo. On doit reconnaître que le Protectorat a su, malgré des heures un peu difficiles, surmonter ce problème. Actuellement, on peut dire qu'il n'y a plus d'étrangers dans la Régence, les Italiens combattent pour la même cause sur le Carso et les Maltais sont sujets anglais!

Un autre problème s'était également posé à l'attention du Protectorat, c'était celui des rapports à établir entre les indigènes et les Européens. Le Protectorat a, en l'espèce, fort bien compris que son rôle n'était pas de favoriser tel élément de population au détriment de l'autre mais d'être l'arbitre entre les deux camps et de chercher ce terrain d'entente si utile pour favoriser le libre développement de la Tunisie; le terrain d'entente c'est la Conférence Consultative créée par M. Stéphen Pichon.

Comment allouer des terres à la colonisation européenne tout en ne s'aliénant pas la population arabe ? Comment en outre, favoriser cette même colonisation par la constitution d'une propriété dotées de titre réguliers? Tels sont les deux questions de l'heureuse solution desquelles dépendait en partie toute bonne politique indigène.

Pour favoriser la colonisation, le gouvernement du Bey a loti « les terres mortes » — c'est-à-dire suivant la législation coranique celles qui ne produisent pas de récolte appréciable — qui, en droit tunisien, lui appartenaient et, ainsi que nous l'avons précédemment indiqué, mis en pratique le système du contrat à bail, l'enzel, des terres devenues biens immobiliers habous. Par l'application à la Tunisie de l'*Act Torrens* nos colons étaient assurés pour l'avenir de leurs propriétés; bien plus les lois des 1er juillet 1885 et 17 mars 1892 qui ont institué l'immatriculation des terres en Tunisie ont multiplié le nombre des propriétés.

On a cherché, et avec raison, à développer la

moyenne propriété par des ventes de terres aux colons, car si la grande propriété, qui a progressé en Tunisie, a eu l'avantage d'accélérer en quelque sorte l'essor économique, elle a le défaut de ne pas faciliter l'établissement d'un peuplement français. En effet les grands propriétaires ou les grandes sociétés donnent en métayage à des Maltais ou des Italiens les domaines qu'ils possèdent. Jusqu'en 1910 les ventes de petites propriétés ont été très recherchées; depuis, un notable fléchissement s'est produit. Nous avons cherché les causes de la diminution de la vente des lots ruraux de colonisation qui ont passé de 37 en 1910 à 17 en 1913. M. Pichon, dans son rapport sur le budget tunisien de 1912 les résumait en trois principales : 1° raréfaction des disponibilités des terres colonisables prélevées sur l'ancien patrimoine beylical, principalement dans la région nord la plus propice à la colonisation; 2° difficultés éprouvées par la direction de l'agriculture, aussi bien que par la colonisation d'initiative privée, à se procurer des terres; 3° l'extension de la surface donnée au cours des dernières années aux lots de colonisation.

L'année 1913 fut une année de préparation au cours de laquelle l'Administration se préoccupa de reconstituer la réserve des terres à allotir pour la colonisation et surtout d'établir une nouvelle législation de nature à permettre une meilleure répartition des lots. Des lotissements importants auraient certainement pu être mis en vente en 1914. Ils sont différés jusqu'à la fin des hostilités.

L'Administration a acheté 21.000 hectares de terres en 1913 représentant une somme totale de 1.911.815 francs. Pour deux affaires, la totalité du prix n'a pas encore été acquittée, le versement du solde étant subordonné à l'immatriculation. La partie du prix restant à payer s'élève à 24.000 francs.

Pour éviter que les achats projetés en vue de la colonisation poussent à la spéculation, l'Administration procède à des transactions directes avec les particuliers et écarte ainsi tous ceux qui seraient tentés de réunir des promesses de vente d'indigènes pour offrir à un prix élevé des superficies importantes.

D'autre part, afin d'écarter les acquéreurs de lots de colonisation qui ne poursuivent qu'un but de spéculation, et non de mise en valeur du sol, la législation sur la colonisation a été modifiée par décret du 24 janvier 1914 qui donne privilège, dans l'attribution des lots, à ceux qui s'engagent à l'installation personnelle pendant dix ans, accorde la remise de 1/10 du prix à ceux qui ont satisfait à cette obligation, interdit d'une manière absolue toute revente à ceux qui n'ont pas satisfait trois ans au moins aux obligations imposées, et décide enfin que la déchéance des acquéreurs qui ont vendu leur lot sans autorisation sera prononcée de plein droit par arrêté du Directeur général de l'Agriculture.

L'acquéreur peut ne se libérer du prix qu'en dix annuités; la première doit être payée comptant ; la seconde peut être reportée d'un an, si le colon a satisfait aux obligations de colonisation. En outre, s'il a résidé sur son lot pendant trois ans et l'a exploité directement, un second report d'un an lui sera accordé. Ces mesures ont été adoptées en vue de donner au colon le moyen d'employer la plus grande partie des disponibilités aux défrichements et améliorations diverses.

Le décret du 24 janvier 1914 autorise l'administration à céder le rang d'antériorité dont bénéficie l'État pour l'hypothèque prise à son profit en garantie du solde du prix restant dû, aux personnes qui auront consenti au colon des prêts hypothécaires lorsqu'il est justifié que la somme prêtée a été employée à des améliorations utiles et permanentes. A l'aide de cette cession de rang d'antériorité, les acquéreurs obtiennent du crédit plus facilement et à un taux d'intérêt inférieur de 2 % environ à celui ordinairement pratiqué.

Toutes les mesures heureuses prises par l'Administration, lors de ses achats de terres en 1913, contre la spéculation et pour une libération facile des acquéreurs répondent aux vœux qui avaient été exprimés à plusieurs reprises par les colons et les candidats colons.

Des travaux de la Conférence consultative, en 1913, durant sa session de novembre, il ressort que, sur certains points, les colons demandent que l'Aministration du Protectorat fasse encore davantage. Ils demandent notamment que, lorsque le prix des terres de colonisation dépasse 300 francs l'hectare, les acheteurs aient la faculté de ne se libérer qu'en quinze ans au lieu de dix. Au début, alors que les terres coûtaient 50 à 100 francs l'hectare, le délai de dix ans suffisait amplement et l'opération était presque sûre pour l'acheteur. Mais aujourd'hui où le prix des bonnes terres atteint 500 et même 600 francs, l'annuité à payer pour une propriété moyenne est beaucoup trop lourde. Il est donc nécessaire que le gouvernement s'il veut compléter son œuvre, aide les colons en prolongeant les délais de paiement dans une proportion à établir avec les prix de vente.

Les colons ont également demandé, à de nombreuses reprises, que le droit de 10 % destiné à rembourser les frais de lotissement ne fût plus perçu par l'État sur le prix de vente des terres livrées à la colonisation. Ce droit, qui pouvait se comprendre lorsque celles-ci étaient bon marché, est devenu une très lourde charge et il ne se justifie plus aujourd'hui. On pourrait le ramener purement et simplement au chiffre des dépenses réelles supportées par le gouvernement.

Il faut signaler combien les difficultés et les lenteurs de la procédure d'immatriculation des terres sont un obstacle à la colonisation et aux ventes de terres à tel point que la Direction de l'Agriculture a refusé pendant longtemps d'acheter des terres non immatriculées pour éviter cette procédure. De cet état de choses est née une diminution constante des demandes d'immatriculation; alors que celles-ci atteignaient le nombre de 907 en 1901, elles n'étaient plus que de 449 en 1913. Les causes sont, comme il a été signalé plus haut, les lenteurs de la procédure d'immatriculation augmentée encore du fait de l'encombrement des affaires d'immatriculation en cours aux tribunaux de Tunis et de Sousse.

Plusieurs coloniaux, entre autres M. Saurin, ont mené le bon combat en faveur de la création d'une petite colonisation française en Tunisie.

A l'ouverture de la Conférence consultative pour 1913, le Résident général du Protectorat, M. Alapetite, envisageait la possibilité de faire dans les lotissements futurs une part à des groupements de petits immigrants français. Cette observation marquait un premier jalon de la petite colonisation en Tunisie.

Il est nécessaire, en effet, que l'État tunisien fasse des expériences différentes de colonisation. A côté des grands lots pour la culture des céréales et l'élevage, il y a place pour la culture maraîchère et la petite colonisation par la vigne qui n'exigent que des surfaces restreintes.

Du reste, la petite colonisation par la vigne a été faite par des Italiens qui, malgré de mauvaises années au début, ont finalement réussi à rendre leurs exploitations intéressantes, grâce à la hausse des vins.

Les ouvriers de l'arsenal de Ferryville ont demandé des petits lots pour les convertir en jardins ouvriers ou pour y cultiver de la vigne. La culture de la vigne ne demandant pas un travail suivi, il serait facile à ces ouvriers d'exploiter leur lot et de se constituer ainsi un pécule plus ou moins important. Pour l'achat du matériel d'exploitation et pour l'installation d'une cave, l'institution d'une coopérative donnerait d'excellents résultats.

Au cours de la session de 1913, différents membres de la Conférence, en particulier MM. de Carnière, Zuretti et Lecore-Carpentier, se sont emparés de l'idée intéressante émise par le Résident général pour demander qu'on fasse des essais de petite colonisation autour de Gafour et des mines en exploitation, notamment à Sakier-Sidi-Youssef, dans la région de Maxula-Radès en utilisant les eaux de l'oued Miliane.

Jusqu'ici, en raison des périodes troublées que nous traversons, l'état des finances tunisiennes n'a pas permis de mettre à exécution un programme de colonisation.

Mais il est à souhaiter que, dès le calme revenu, lorsqu'une magnifique ère de prospérité pourra à nouveau être envisagée pour notre beau domaine tunisien, le Protectorat fasse tous ses efforts pour mettre en œuvre ses idées de petite colonisation dont l'un des plus heureux effets serait de fixer un grand nombre de Français au sol de la Tunisie.

Le Protectorat a encore cherché à seconder les efforts de la Mutualité agricole et de la Caisse régionale de crédit agricole. A l'heure actuelle plus de 18 caisses locales fonctionnent et, en 1913, ont prêté aux colons plus de 1.200.000 francs. La guerre n'a pas empêché le développement de cette institution. Des prêts de subsistances ont même pu être faits aux colons que la guerre avait trop cruellement frappés dans leurs intérêts, et les semailles de 1914 ont pu, grâce à l'intervention de la Caisse, être plus abondantes que celles de l'année précédente.

Les Français de Tunisie ont, et avec raison, réclamé une extension des pouvoirs des Conseils municipaux et demandé certaines réformes dans l'organisation communale. En 1913, la Conférence consultative a longuement examiné cette question. Le Protectorat proposa, alors, les réformes suivantes :

« Fixation à trois ans de la durée du mandat des conseillers municipaux.

« Fonctionnement de commissions administratives en cas d'impossibilité de constitution de conseils municipaux réguliers.

« Droit de contrôle du président en matière de travaux municipaux.

« Création de services autonomes de travaux communaux dont les budgets pourront supporter la charge.

« Transmission directe au gouvernement pour approbation, des projets de travaux communaux sans passer par l'avis des services intermédiaires.

« Préparation de nouveaux décrets organiques relatifs : 1° au recouvrement des taxes et créances dues aux communes et au pouvoir d'action du comptable communal ; 2° à la taxe sur les chiens ; 3° à la taxe sur les véhicules ; 4° à la taxe d'abatage ; 5° à la taxe sur les stationnements ; 6° à la taxe sur les entrepreneurs de fêtes publiques, spectacles, concerts. »

La Conférence consultative fit un médiocre accueil à ces projets. Les rapporteurs remarquèrent qu'à côté de quelques avantages de pure forme accordés par l'administration du Protectorat aux présidents des Conseils municipaux et aux conseillers, il était surtout question dans ces projets de donner au fisc un plus grand pouvoir pour la perception de ses impôts et la poursuite des débiteurs de l'État.

Ils s'élevèrent en particulier contre le projet du gouvernement « qui dans le but d'augmenter les ressources des localités ayant à effectuer des travaux urgents et importants, voudrait que celles-ci puissent s'imposer extraordinairement ou augmenter le taux des taxes qui leur auraient été concédées par l'Etat ».

En fin de compte les projets du gouvernement furent écartés par la Conférence et les conclusions suivantes des rapporteurs furent adoptées .

1° Elections des conseillers municipaux français au suffrage universel sans catégories d'électeurs et d'éligibles, sauf les incompatibilités prévues par la loi française ;

2° Augmentation du nombre des conseillers français ;

3° Élection des vice-présidents par les conseillers municipaux élus ;

4° Mise à l'étude des projets tendant à rapprocher la gestion des communes tunisiennes de la gestion des communes françaises ;

5° Mise à l'étude d'un projet mettant les fonctionnaires municipaux à l'abri des fluctuations de la politique.

Lorsque le gouvernement du Protectorat reprendra ses projets d'administration communale, il fera bien de donner la plus large part aux desiderata, énoncés ci-dessus, de la Conférence consultative. La population tunisienne, qui nous a donné les plus grandes preuves de loyalisme et d'attachement, mérite mieux qu'une organisation communale rétrécie.

Le libéralisme serait d'ailleurs la meilleure des politiques : les pouvoirs d'action des conseils communaux étant plus développés, auraient leur heureuse répercussion sur un meilleur rendement des impôts.

La sollicitude des Pouvoirs Publics s'est donc étendue aussi bien sur les éléments européens que sur les populations indigènes. Mais il serait puéril de ne pas reconnaître qu'insensiblement les Français, qui, en somme, constituent les classes dirigeantes, ont une tendance de plus en plus marquée à affirmer leur supériorité. En face de centaines de milles d'indigènes et de près de

deux cent mille étrangers, les cinquante mille
Français de la Régence ont besoin de sentir qu'ils
sont la race conquérante. Cela est légitime, cela
est nécessaire. Mais où les difficultés commencent,
c'est lorsqu'il faut déterminer dans quelles sphères
et jusqu'à quelles limites cette supériorité doit se
marquer. C'est ici que se pose la question délicate
de la dévolution de la souveraineté. Dans quelques
lignes remarquables, M. Duchêne, directeur au
Ministère des colonies, a disséqué ce délicat problème colonial :

« Lorsque deux populations, l'une française,
l'autre indigène, se trouvent juxtaposées, il est
possible que deux souverainetés coexistent ; il est
possible aussi que l'une d'elles absorbe l'autre, sauf
à s'exercer à la fois avec le concours de l'élément
français et celui de l'élément indigène.

La coexistence pure et simple des deux souverainetés n'appartient qu'au domaine de la théorie.
Sans doute, c'est la fiction première d'où procède
l'idée du protectorat. Mais le protectorat n'est pas
un simple condominium. Il ne se conçoit qu'avec
la prééminence de l'État protecteur et cette prééminence même rompt, dès l'origine, l'équilibre
apparent qu'on voudrait maintenir entre les deux
souverainetés ; pour peu qu'elle s'affirme et surtout qu'elle dure, elle le fausse de plus en plus
jusqu'à le détruire complètement.

C'est là le sort ordinaire des protectorats politiques. Dans son rapport sur le budget de 1905,
M. Émile Chautemps, ancien Ministre des

nies, alors député, indiquait ainsi les phases successives que traversait le protectorat tunisien, imaginé d'abord comme un système, comme un mécanisme international, dont peu à peu l'intérêt s'atténue et l'usage s'émousse; puis se confinant dans un rôle politique où l'action de la France est nettement distincte de l'action beylicale ; puis, sous la pression de nos intérêts et par le développement de notre intervention, se transformant en un régime confus où nous en arrivons à légiférer nous-mêmes dans tous les domaines, avec ou sans le concours du bey. C'est inévitable. Au Maroc de même, où nous entendons organiser également notre protectorat, où le mot figure, dans une lettre interprétative jointe à la convention du 4 novembre 1911, et où nous travaillons à réaliser la chose, déjà la prééminence de la souveraineté française s'affirme et grandit chaque jour, contrôlant, complétant, réformant l'exercice de la souveraineté indigène, et, au besoin, y suppléant. »

En réalité, tout protectorat, dès que la souveraineté de la France est incontestée, tend à devenir un système administratif. On ne peut que constater, car les faits sont là, cette évolution naturelle et fatale, dont le premier terme est pour nous en ce moment au Maroc, et dont le dernier se trouve dans le village de l'Afrique tropicale où le chef indigène, reconnu par nous, conserve son autorité, à la condition de n'en pas trop mésuser. A tout prendre, c'est là surtout affaire de mots.

Dans les pays indigènes placés sous notre domination, qu'ils soient annexés ou protégés, non seulement la souveraineté de la France est la seule qui puisse agir à l'extérieur aux termes des traités internationaux, mais encore c'est la seule avec laquelle, en dernière analyse, on doive finalement compter à l'intérieur. Mais elle ne s'exerce néanmoins qu'avec le concours de l'autorité indigène et cette collaboration est inséparable de toute notre action administrative. Le reste est pure question d'étiquette. C'est ce qu'exprimait M. Lutaud lorsque, dans sa circulaire du 20 mai dernier, il écrivait, en appliquant cette observation à l'Algérie : « Protectorat au début, puis assimilation, cantonnement, royaume arabe, autant de méthodes qui ont eu leurs heures de succès ou leurs revers, autant de formules d'essais, de tâtonnements, où l'on retrouve toujours, malgré quelques éclipses, la caractéristique du génie français en matière coloniale, la marche libérale vers le rapprochement des hommes et la fusion des intérêts en présence. Les mots ont passé, et, avec eux, les écoles qu'ils évoquent. »

Si quelques-uns ont pu concevoir des craintes au sujet de certaines paroles arabophobes prononcées en Tunisie, si dans certaines luttes électorales des citoyens français ont dépassé la mesure, ce sont là, il ne faut pas l'oublier, des faits particuliers. En 1912, M. Alapetite indiquait à la Chambre quelle était en l'espèce la politique française là-bas, les termes employés par lui sont similaires des paroles de M. Lutaud : « Le gouvernement est l'arbitre entre les intérêts des Français et ceux des indigènes. Rien ne serait plus facile que d'avoir en Afrique une popularité bruyante en allant dans les réunions des Français et en leur disant : « Vous avez tous les droits, les indigènes toutes les obligations ». Je n'ai pas cru que ce fût là mon rôle. J'ai essayé et je crois y avoir réussi de vivre en bons termes avec la plupart de nos nationaux ; j'ai essayé de les amener peu à peu par la persuasion à comprendre la légitimité de l'évolution qui s'était accomplie dans les esprits français sur ce problème de la politique coloniale. » En Afrique du Nord nous ne devons pas être les oppresseurs des races indigènes, mais les collaborateurs de chaque jour dans le dur labeur du monde moderne.

Cette politique d'association nous en trouvons en Tunisie l'expression dans la Conférence consultative. La sagesse et la prudence de cette assemblée viennent récemment d'être reconnues, car ce n'est plus le Ministère des Affaires étrangères qui doit prendre la responsabilité des décisions dans l'intérêt des indigènes, lorsque la section française a méconnu ces intérêts, mais un Conseil supérieur où les ministres et les chefs de service du Gouvernement tunisien sont assistés de délégués élus en nombre égal par chacune des deux sections. Ainsi l'élément indigène a sa part dans la gestion des intérêts du pays, il apprend à juger notre civilisation et à s'en approprier les bienfaits, laissant en quelque sorte la haute direction à la nation protectrice dont il devient l'associé loyal.

L'évolution ne devra pas s'arrêter en chemin. Elle est confinée jusqu'ici aux questions financières, le loyalisme que les indigènes ont montré durant la guerre, mérite mieux, il nous faudra élargir, en Tunisie, les cadres de la collaboration indigène. Ce sera l'œuvre de demain, elle est délicate, mais combien belle à réaliser pleinement. Les morts de la grande guerre aideront là encore maintes fois ceux qui s'attelleront à cette tâche.

***

Au Maroc, nous étions installés depuis trop peu de temps avant la guerre pour qu'ils y soient apparus nettement définis des problèmes de politique indigène. En réalité, les questions de politique indigène sont celles de l'établissement de notre Protectorat sur des tribus qui, par principe, furent rebelles à toute ingérence d'un pouvoir central puissant. Il nous faut délicatement, mais fermement, rechercher les meilleurs procédés d'adapter aux contingences de notre civilisation ces mêmes tribus. Les problèmes qui se posent, consistent à déterminer quels seront entre nous et la masse indigène les meilleurs intermédiaires et à délimiter quels pouvoirs locaux nous devons consacrer ou quels organismes doivent disparaître. Dans le Sud se pose la question d'une politique féodale à suivre vis-à-vis de ces grands caïds, véritables seigneurs moyenâgeux ; dans le Nord, au contraire, il apparaît que nous devons compter avec les assemblées locales, les « Djemâa » indigènes.

Un point que l'occupation progressive du Maroc a mis en relief, c'est que les indigènes qui peuplent le Maroc sont des Berbères et non des Arabes. Berbères de race et de langue sont les Riffains du Nord, les Brabers du Centre et du moyen Atlas, les Cheuls du haut Atlas et du Sud. Comme on l'a justement écrit : « Les Berbères forment le substratum de la population mogrelienne. » Les Arabes forment la minorité et encore : « Ces Arabes ne sont point de race pure, ils sont, au contraire, fortement mélangés de sang berbère comme on peut le penser, en raison du brassage inouï subi par ces populations au cours des siècles. Songez que tour à tour les envahisseurs ont conquis l'Espagne, qu'ils ont été refoulés en Afrique, qu'ils ont subi les efforts des grandes invasions du Sud : Almoharides, Almohades, et vous comprendrez combien l'élément arabe qui a toujours constitué au Maroc une minorité, a été absorbé par l'autre des Berbères [1]. »

Au point de vue du peuplement européen, celui-ci n'était qu'en formation au moment de la déclaration de guerre. Le rôle du Protectorat était,

1. *Le Maroc*, Conférence de M. Ladreit de La Chairière à l'Ecole des Sciences Politiques.

cependant, sinon difficile, du moins délicat vis-à-vis des divers éléments européens séjournant au Maroc. De par les traités internationaux, il se trouvait lié, en bien des points, par le régime des capitulations. Grâce à la guerre, l'action allemande au Maroc a cessé, le régime international dont les puissances centrales bénéficiaient n'a plus de raison d'être ; une à une disparaissent les capitulations. C'est là un gros souci de moins pour le Protectorat. Avant la guerre, le Maroc avait attiré une population européenne dont certains membres étaient d'allures inquiétantes, les mesures de sécurité prises en faveur de l'état de siège ont permis de réaliser l'épuration nécessaire.

Ce que sera l'élément européen du Maroc, l'avenir le dira.

DEUXIÈME PARTIE

L'AFRIQUE DU NORD
PENDANT LA TOURMENTE

CHAPITRE IV

LE LOYALISME INDIGÈNE

En juillet 1914, nous administrions en Algérie 5 millions et demi d'indigènes, en Tunisie 2 millions, au Maroc 4 millions. Or, sur cette masse de près de 12 millions d'Arabes, combien nombreux étaient ceux sur lesquels la paix française ne régnait que depuis quelques années à peine! Le dernier grand soulèvement de l'Algérie datait seulement de quarante ans ; sur les confins lybiques de notre zone tunisienne l'écho des coups de fusils des Turco-Arabes ne s'était pas éteint et l'effervescence était grande encore parmi les anciens assassins du marquis de Morès ; enfin, dans l'Empire chérifien, il n'y avait pas dix ans que l'héroïque Ballande prenait d'assaut avec sa compagnie de « demoiselles au pompon rouge », la casbah de Casablanca. Si nous avions conquis la Chaouïa, la région côtière, puis les grands centres, Meknès, Marrakech et Fez, si nous avions audacieusement uni Fez et les confins algéro-marocains par la trouée de Taza, l'Empire chérifien se divisait encore en « bled Maghzen », et en « bled Siba ». Le bled Siba, le pays de la révolte contre toute autorité, contrée que nos colonnes investissent de toutes parts et en diminuent chaque jour l'étendue, demeurait le centre de rebellion et de fanatisme, véritable brandon allumé dans ce que M. Augustin Bernard appelle si justement la « Berberie française ». Notre situation dans le Protectorat chérifien était telle que le gouvernement, au moment même de la déclaration de guerre, avait cru prudent de conseiller l'évacuation des postes avancés et proposer un repli stratégique sur les villes de la côte. Le général Lyautey jugea, — et il faut l'en féliciter vivement — que ce serait là une désastreuse manœuvre de politique indigène qui faciliterait ce que, quelques mois avant les hostilités, avait annoncé à ses lecteurs allemands le correspondant au Maroc de la *Gazette de Cologne* : « En cas de guerre européenne pas un Français au Maroc ne doit pouvoir échapper vivant. » Le maintien intégral de notre occupation fut le gage, grâce auquel de nouvelles vêpres marocaines furent évitées. C'est notre énergique politique marocaine qui rallia à nous les éléments arabes du Protectorat et en assura le loyalisme. Certes, il y a encore quelques dissidents, mais ils sont peu; la grande majorité des Marocains marche « la main dans la main » avec nous, suivant le dicton arabe, se pénétrant chaque jour davantage des bienfaits de notre civilisation et envoyant les plus beaux de ses enfants former les rangs de ces divisions marocaines dont il est trop tôt encore pour narrer les hauts faits d'armes.

Certains ont pu penser que le conflit européen devait laisser nos indigènes nord-africains indifférents. C'est là une grossière erreur, comme plusieurs l'ont déjà montré et plus spécialement notre ami Pierre-Alype dans son intéressant ouvrage *La Provocation allemande aux Colonies*. L'Allemagne « travaillait » contre nous depuis longtemps le monde de l'Islam en sa faveur. Cela datait du jour où Guillaume II était devenu l'ami du sultan Rouge, s'était promené en Judée et prosterné devant le tombeau d'un « preux » musulman, l'émir Salhadin. Les ambitions coloniales de la Germania à l'égard de notre empire colonial nul ne les ignore, elles sont gravées à jamais dans les paroles que prononçaient le chancelier de Bethmann-Hollveg devant l'honorable ambassadeur d'Angleterre, sir Goschen, le 29 juillet 1914 : « Si la neutralité de la Grande-Bretagne était assurée, son gouvernement recevrait toutes les assurances que le gouvernement impérial n'avait pour but aucune acquisition territoriale aux frais de la France, en supposant que la guerre s'en suivit et qu'elle se terminât à l'avantage de l'Allemagne.

J'ai posé à son Excellence une question au sujet des colonies françaises. Il me répondit qu'il ne pouvait s'engager d'une manière semblable à cet égard. (*Livre bleu* n° 85.) »

Nos sujets d'Algérie, de Tunisie et du Maroc n'avaient pas lu le *Livre bleu* et cependant ils avaient « senti comme planer sur eux un indéfinissable et grave danger et se sont comme instinctivement rapprochés de nous »[1]. Le péril allemand en effet, sans en déterminer les modalités et sans en percevoir avec netteté les conséquences, était connu des populations musulmanes. On est parfois tenté de traiter comme des fables les manœuvres d'avant-guerre poursuivies par les Allemands. L'action de nos ennemis dans l'Afrique du Nord était indéniable et se trouve indiquée dans les termes suivants par M. Augustin Bernard : « Les Allemands escomptaient pour le lendemain de la déclaration de guerre des révoltes des colonies françaises et anglaises depuis l'Inde jusqu'à l'Afrique occidentale en passant par l'Égypte, la Tunisie et le Maroc. Pour allumer cet immense incendie, ils faisaient fond sur le fanatisme musulman, qu'ils s'efforçaient de surexciter dans le monde entier. Dans sa fameuse visite au tombeau de Saladin, l'empereur allemand s'était proclamé le protecteur des 300 millions de musulmans et s'était déclaré prêt à délivrer l'Islam de ses

1. Discours de M. Lutaud, Délégations financières 1915.

oppresseurs; attitude qui s'explique par ce fait que l'Allemagne n'a pas de sujets musulmans, tandis que la France, l'Angleterre et la Russie en comptent un très grand nombre. L'alliance avec la Turquie, seul pays musulman encore indépendant, était le nœud de la politique orientale de l'Allemagne. En même temps, elle cherchait à resserrer le lien, assez lâche jusqu'ici, du califat, par lequel les musulmans se rattachent à Stamboul, et à favoriser les tendances assez vagues du panislamisme. C'était là un voile commode dont se couvraient l'Allemagne et ses agents pour pousser à la révolte les sujets musulmans de la France, de l'Angleterre et de la Russie. Les mécontents, dans les colonies des puissances européennes, étaient invités à se tourner vers le sultan de Stamboul et vers son ami le sultan des Germains. Les indigènes de l'Inde, de l'Égypte, de l'Afrique française, du Caucase étaient excités contre leurs maîtres.

En effet, si les Allemands escomptaient des révoltes, c'est par la raison bien simple qu'ils les avaient fomentées autant qu'il était en leur pouvoir. Dans toute l'Afrique du Nord, les intrigues allemandes avant la guerre avaient pris un développement remarquable. Nous ne les ignorions pas; mais, par amour de la paix, nous cherchions à éviter les incidents. Peut-être, en Afrique comme en France, avions-nous trop de tendance aussi à considérer ces intrigues comme inoffensives et négligeables. L'espionnage allemand était aussi bien organisé en Afrique qu'en France, ce qui n'est pas peu dire. Il affectait les formes les plus diverses : tantôt c'étaient des savants, naturalistes, géographes, ethnographes, orientalistes, qui prenaient prétexte de leurs recherches pour pénétrer dans les milieux indigènes ; tantôt d'inoffensifs acheteurs de moutons et des chercheurs de mines disparaissaient tout à coup par les voies les plus rapides lorsque le véritable but de leur voyage était découvert.

En Algérie et en Tunisie, comme en Provence et sur la Riviera, comme dans toute la Méditerranée, le touriste allemand pullulait ; dans le mouvement de voyageurs que la beauté du climat et des paysages attiraient chaque année vers la France africaine, ils représentaient la formidable proportion de 60 pour 100. Ils débarquaient en troupes compactes des beaux navires de la *Hamburg-Amerika*. Le professeur Knastchke, le type immortalisé par le crayon du dessinateur Hansi, se regardait déjà comme chez lui sur cette terre que nous avons conquise au prix de tant d'héroïsme et de labeur : il annonçait aux indigènes la prochaine venue du nouveau mahdi, El Hadj Guilioun. L'observateur superficiel se bornait à plaisanter ces grotesques figurants du grand drame international. Mais, grace à l'organisation savante du pangermanisme militant, grâce aussi à notre tolérance aveugle, ces touristes étaient les missionnaires de la « plus grande Allemagne ». Ils ont contribué pour une large part à l'emprise allemande.

L'industrie hôtelière, en Algérie et en Tunisie, avait été complètement accaparée par les Allemands, et quelques-uns de ces hôtels allemands étaient notoirement des foyers d'espionnage. On s'aperçut même, au début de la guerre, que l'un d'eux avait installé un poste clandestin de télégraphie sans fil. Parfois, après de trop copieuses libations, les touristes germaniques manifestaient leur enthousiasme pour l'Algérie en chantant dans les rues la *Wacht am Rhein*, ou en prophétisant la prochaine prise de possession du pays par l'Allemagne. Ils encourageaient et facilitaient de toutes manières les désertions dans la Légion étrangère, et on les vit, quelques mois avant la guerre, embarquer des déserteurs à Alger même, sous les yeux des indigènes stupéfaits de tant d'audace.

Il y eut, dans les milieux indigènes, toute une campagne de dénigrement systématique contre la France, dont les actes étaient commentés et travestis. La séparation des Eglises et de l'Etat était représentée comme pouvant entraîner la fermeture des mosquées ; la crainte d'une persécution religieuse prochaine devait engager les croyants à se tourner vers l'Orient. Après avoir décrié la France, on faisait l'apologie de l'Allemagne : des dictons populaires et des prophéties annonçaient la prochaine conversion des Allemands et de leur sultan, destinés à rendre à l'Islam sa splendeur première. L'intervention de l'Allemagne était imminente, et bientôt, unie aux troupes victorieuses de l'Islam, elle allait libérer l'Algérie. Les racontars, même les plus saugrenus, ne doivent pas être considérés comme négligeables, lorsqu'ils s'adressent à une population en majorité illettrée et crédule.

Au Maroc, les intrigues des Allemands étaient encore plus actives et s'étalaient plus ouvertement. Nous les trouvions sans cesse sur notre chemin ; ils interprétaient dans un esprit processif et chicanier l'acte d'Algésiras et les autres conventions internationales ; ils entravaient de toutes manières notre œuvre de pacification et d'organisation de l'Empire chérifien. Consuls et commerçants menaient contre nous une campagne acharnée. Les indigènes prenaient pour de la crainte de notre part les concessions, les transactions que le régime des capitulations et la crainte d'incidents diplomatiques nous obligeaient souvent à faire, et le prestige de l'Allemagne s'en trouvait accru. Bien avant la déclaration de guerre, les sujets allemands établis au Maroc, y compris les consuls, avaient mis tout en ordre pour provoquer un soulèvement des populations placées sous notre autorité et un redoublement d'activité des tribus rebelles le jour où la guerre éclaterait entre la France et l'Allemagne [1]. » On sait à quelles menées anti-françaises se livraient dans la région d'Agadir les frères Mannesmann ; il y avait là une véritable avant-guerre. Depuis le 4 août 1914, plusieurs complices ont été traduits devant le Conseil de guerre et il a été facile de déterminer les multiples formes prises par cette préméditation : distributions d'armes, de

1. L'effort de l'Afrique du Nord. Augustin Bernard.

sommes d'argent, diffusion de pamphlets. Une note, émanant du Conseil de guerre de Casablanca, a fait savoir en 1915 qu'un grand nombre de sujets allemands avaient été déférés devant cette juridiction, « à l'encontre desquels l'enquête a établi la preuve qu'ils avaient entretenu des intelligences avec l'ennemi, dans le but de favoriser ses entreprises ».

On a peine à concevoir l'effort allemand fait pour gangrener nos indigènes nord-africains. Dans ce but, nos ennemis ne craignaient aucun mensonge pour subjuguer l'opinion publique. On pourra en avoir une certaine idée en rappelant quelles nouvelles fantaisistes nos ennemis faisaient courir en Turquie pour relever le moral : conversion de la nation belge à l'islamisme, arrivée au printemps de 1916, à Constantinople, du harem de S. M. islamique Guillaume II, escorté par les dix plus puissants dreadnoughts britanniques et ceci, extrait du journal *Tordjiman-e-Afkier*, du 6 décembre, l'annonce d'un discours prononcé par Guillaume II « sur le trône installé dans l'ancienne Chambre du Parlement français ». Le 27 novembre 1914, le *Volksfreund*, d'Aix-la-Chapelle, annonçait la prise d'El Goléa. Le *Bulletin de l'Afrique Française* nous donne également les détails suivants sur les mensonges allemands : « Le Wolf bureau de Constantinople fabriquait trois lettres d'Abd-el-Malek à Ali-Pacha. La première annonçait les progrès de la guerre sainte au Maroc, la prise de Taza, l'attaque de Casablanca et la défection du capitaine Khaled, avec 7.000 hommes, au Sahara. Or, l'émir Khaled, petit-fils d'Abd-el-Kader, est capitaine aux spahis algériens, a été fait officier de la Légion d'honneur pour sa conduite à l'armée et a lui-même démenti ce fait, dans une lettre adressée au *Temps*, le 3 janvier 1915. Une seconde fausse lettre annonçait de nouveaux progrès de la révolte. La troisième, lancée le 23 janvier, annonçait qu'Abd-el-Malek avait pris Casablanca, en avait fait sa capitale et avait refusé les propositions de paix des Français, qui lui offraient le titre de roi ! »[1] Cette dernière lettre a été insérée dans le *Journal de Genève* du 25 janvier 1915. On peut juger par là quelle influence avait sur nos sujets la propagande antifrançaise de l'avant-guerre.

Malgré tout, la masse indigène nord-africaine n'a pas été entamée. La propagande antifrançaise, menée depuis de longues années, a fait long feu. Ce ne sont pas les quelques obus tirés dans la matinée du 4 août 1914 sur Bône et Philippeville endormies, par les croiseurs *Breslau* et *Gœben*, dans leur fuite vers la Corne-d'Or, qui ont porté le coup fatal au loyalisme indigène. Dans l'histoire, lorsque l'on dénigrera les aptitudes colonisatrices des Français, deux exemples montreront, entre bien d'autres, que la France, là où elle a une fois passé, et là où elle s'est définitivement implantée, a su conquérir l'affection des populations de ces contrées : l'un de ces exemples, c'est l'ardeur des

1. *L'Afrique française*. Mars 1915.

Canadiens à délivrer le sol gaulois : « Nous servons loyalement l'Angleterre, disait sir Dandurand, c'est notre Patrie, mais nous aimons la France : c'est notre mère. » L'autre, c'est le loyalisme des musulmans de l'Afrique du Nord française : « Les Français et nous, écrivait l'un d'eux, sommes les doigts de la main ; les Français sont le grand doigt, parce qu'ils savent beaucoup et nous le petit doigt, parce que nous sommes ignorants. Mais les uns et les autres appartiennent à la même main. » Elle a frappé juste et fort le colosse germanique, cette main, et maintes fois le petit doigt est entré dans la face du Teuton.

S'il n'est pas temps encore de préciser le rôle militaire rempli par les contingents de troupes indigènes originaires de l'Afrique du Nord ; il est permis, du moins, de signaler l'empressement avec lequel nos sujets ont répondu à l'appel aux armes. L'Algérie nous a donné, avec son célèbre dix-neuvième corps, ses goumiers, ses milliers d'engagés volontaires et ses jeunes classes indigènes, qui sont soumises au service obligatoire. La Tunisie ne s'est pas dérobée au devoir patriotique et à l'armée régulière se sont joints nombre de volontaires et de multiples réservistes. Au sujet de ces derniers, un vieux colonial, le général Archinard, écrivait ces lignes : « J'ai été recevoir avec le général Pistor, quelques centaines de ces réservistes à leur arrivée à Tunis. Ils débarquaient du train avec leurs vêtements de fête, les croix et les médailles obtenues épinglées sur leurs burnous tout propres. Les détachements d'escorte venaient à leur rencontre, musique en tête et tous ces braves gens, qui avaient quitté le service depuis des années, se groupaient devant la gare, s'alignaient au commandement et rompaient par quatre, comme s'ils n'avaient jamais quitté la caserne. Le lendemain, on les habillait et, au tir et à l'exercice, on ne distinguait pas les réservistes des hommes du contingent. Il n'y eut pas plus de réclamations pour venir combattre en France que pour aller combattre au Maroc. Combattre dans nos rangs leur semble tout naturel et ils ont confiance en nous et en notre justice. » Plus de 30.000 Tunisiens se battent pour la France.

Au Maroc, c'est parmi nos ennemis d'hier, véritable paradoxe, semble-t-il, que nous avons trouvé les magnifiques héros indigènes des divisions marocaines. Ce sont ces belles troupes indigènes que le sultan Moulay-Youssef haranguait déjà en ces termes, le 31 août 1914 : « Louange à Dieu ! Les courageux soldats de Notre Majesté débarqués sur le sol de France, que Dieu vous assiste !

« Que le salut et la miséricorde divine soient sur vous.

« Vous n'ignorez pas que le gouvernement français est intervenu au Maroc dans le but de prêter son concours à l'amélioration de la situation du pays et à son organisation. Les excellents procédés que la France a employés pour arriver au but lui donnent un droit à notre reconnaissance. Elle a su s'attirer la sympathie de tous.

« La France s'est trouvée dans l'obligation de prendre les mesures nécessaires à la défense de son honneur national et ses alliés se sont mis à ses côtés pour combattre l'ennemi sur terre et sur mer. C'est ce qui a motivé votre envoi en France. Nous sommes persuadés que vous saurez montrer, au milieu des autres troupes, vos qualités de courage, de bravoure et de hardiesse à l'heure du combat. En vous revivront les prouesses de vos ancêtres, vous allez acquérir une noble réputation et vous laisserez un souvenir glorieux, qui se transmettra de génération en génération à la postérité. »

Quelques jours après cette proclamation, c'était la bataille de la Marne et c'était la prise du célèbre château de Mondemont, par la division marocaine. Les belles qualités guerrières des Marocains ont tout de suite attiré l'attention du Pays. Le 25 octobre 1914, M. Millerand envoyait à Rabat un télégramme ainsi conçu : « Suis heureux vous prier faire connaître aux familles de vos chasseurs marocains que, depuis arrivée de ceux-ci sur front des armées, ils n'ont cessé de se montrer dignes de la confiance qu'avons en eux. Combattant avec une ardeur que leurs officiers ont dû souvent maîtriser pour éviter pertes, nos ennemis qui les redoutent ne peuvent résister à leurs attaques. Dans récents combats, ils ont enlevé à la baïonnette nombreuses tranchées ennemies, sans se soucier feu violent artillerie, qui n'a pu les arrêter. Cavaliers et fantassins rivalisent de courage et ont droit à notre reconnaissance. »

Ainsi l'Allemagne, au lieu de trouver une aide en l'élite guerrière de nos trois possessions nord-africaines, s'est heurtée à un loyalisme remarquable par sa généralité et l'étendue de ses effets. Dernièrement, M. Monis ouvrait, en sa qualité de président, les travaux, jusqu'ici interrompus par la guerre, de la Commission sénatoriale chargée d'examiner les réformes que comporte la situation de l'Algérie et ses premières paroles rendaient hommage à l'attitude des populations indigènes algériennes :

« Je veux attirer votre attention sur le loyalisme indigène. Il a constitué un des plus grands bienfaits de la grandiose histoire qui s'écrit chaque jour pour l'étonnement du monde. Que dis-je? Il illustrera les annales de l'humanité.

Les indigènes algériens alors qu'on faisait en Belgique les premiers essais de l'emploi de leur main-d'œuvre se trouvaient aux mines de Mons, de Charleroi, au moment de la violation d'un territoire qu'on pouvait croire garanti par la foi jurée. Ils furent témoins des premiers attentats qui ont subitement déshonoré l'humanité. Quand, dans la droiture native de leur conscience, ils purent contempler les traitements infligés aux hommes que l'Islam révère, aux enfants qu'il protège, aux femmes dont le musulman garde jalousement la tendresse, alors ils comprirent que le fléau menaçait leurs foyers comme les nôtres dans cette Algérie convoitée par le même ennemi.

Ce jour-là la conscience musulmane a souverainement jugé le mal qui apparaissait comme une menace. »

Oui, c'est la conscience musulmane qui a compris que, dans cette terrible lutte, nous combattions pour les immortels principes de liberté humaine qui sont tout aussi conformes à l'Islam qu'à toute autre croyance. M. Lutaud a signalé de touchantes manifestations de la solidarité indigène vis-à-vis de la France :

« Parmi les manifestations de leur dévouement, nous en relevons d'éclatantes, comme ces engagements volontaires qui ont ajouté trente mille hommes à l'effectif normal de nos tirailleurs et de nos spahis. Il en est de touchants et de délicats comme celui de ce modeste manœuvre de Chéragas, Chabane ben Mohamed, appelé à décharger des balles de pommes de terre destinées à la « soupe populaire », qui refuse toute rémunération en disant : « C'est pour la France que j'ai travaillé; je n'ai fait que mon devoir »; comme celle des tribus de diverses communes mixtes qui, recevant des commandes de peaux de chèvres et de moutons d'une valeur de 12.654 francs, ont refusé tout paiement parce qu'il s'agissait d'envois à l'armée. D'autres tribus ont transformé le paiement de ces fournitures en dons à diverses sociétés de bienfaisance et d'assistance. »

On sait d'ailleurs, écrit dans son remarquable rapport sur notre mission en Arabie notre ami M. Louis Marin, député, l'admirable conduite de nos Arabes prisonniers en Allemagne, refusant avec indignation toutes les offres qui leur étaient faites pour servir la Turquie.

Il faut signaler que les régions où la défaite de 1870 avait provoqué des insurrections et des agitations ont été celles qui nous ont donné, depuis 1914, le plus d'engagés volontaires.

Ils ont donné l'exemple de la propagande intellectuelle la plus intense et mieux encore de la propagande religieuse en notre faveur. C'est celle qui pouvait le plus toucher la conscience des musulmans : des prières publiques ont été partout dites pour la France; les plus hautes personnalités ont exhorté pour elle leurs coreligionnaires dans des appels convaincants.

Cet état d'esprit n'a pas fléchi, le retour des blessés a fait surgir de nouveaux engagements; ni la longueur de la guerre, ni le genre de guerre, la guerre des tranchées si pénible et si inattendue pour nos troupes, n'ont fléchi leur courage; les mutilés revenus dans leurs foyers ont fait l'éloge de la France, de ce qu'elle avait fait, de ce qu'ils avaient vu faire par nos soldats, des soins que nos infirmières leur avaient donnés.

Toute la guerre a montré l'affection de nos musulmans pour la France et la raison de cette affection dans son libéralisme et ses bienfaits. Selon le mot de l'Agha Sarahoui, un de nos missionnaires à la Mecque, à un turcophile critiquant la conduite de la France : « J'ai 62 ans d'âge; je n'ai rien à attendre de personne et pourtant, je viens de passer avec mes enfants 18 mois sur le front français. Si nous avions à nous plaindre, nous ne serions pas venus ainsi combattre pour la France. »

Les autorités indigènes ont loyalement collaboré avec nous dans l'œuvre de la Défense nationale, multiples en sont les preuves : c'est le Sultan du Maroc qui a voulu que le grand organe anglais *le Times* publia, le 13 mai 1916, la note ci-après :

« Le Sultan désire beaucoup que le public britannique soit informé par *le Times* combien Sa Majesté et ses sujets, depuis qu'ils sont placés sous le Protectorat français sont reconnaissants au gouvernement français des améliorations apportées au pays qui jouit maintenant, malgré la guerre, d'une paix intérieure et d'une prospérité que le Maroc n'aurait pas connues jusqu'ici.

En retour de ces avantages inestimables, le Sultan est heureux et fier d'avoir pu envoyer en France des soldats qui sont tous volontairement partis pour combattre aux côtés de la glorieuse armée française et de ses Alliés britanniques pour la cause de la justice et de la liberté. »

C'est le Bey de Tunis qui a envoyé plusieurs de ses fils au feu. C'est le doyen d'âge Si Salah-Nadjar, de la Section indigène de la Conférence tunisienne, qui fit la déclaration suivante :

« La population indigène a continué, malgré la guerre, à jouir des bienfaits dont l'a gratifiée le régime du Protectorat.

Au point de vue économique, nous avons constaté que le gouvernement a pris toutes les mesures possibles pour mettre les populations à l'abri des difficultés d'une crise économique; bien plus, il a fait preuve d'une sollicitude éclairée en venant en aide à l'agriculture et au commerce, en distribuant aux fellahs atteints par de mauvaises récoltes successives tous les secours dont ils avaient besoin.

Comment ne serions-nous pas reconnaissants à la France, alors que, tenant le glaive de la main droite, elle répand de la main gauche tous les bienfaits sur ses protégés. »

C'est également, le 9 février 1914, une délégation de la population mozabite de Tunisie, population si distante de nous et vivant dans un isolement volontaire, qui vint apporter au Résident général « les sentiments de soumission et de prospérité des Mozabites ». C'est, enfin, en Algérie le superbe palmarès aux énonciations ci-après, véritable livre d'or du loyalisme indigène :

« Un décret du 7 décembre 1916 attribue 37 croix de chevalier et 7 médailles militaires à des caïds, muftis, cadis, adjoints indigènes et chefs religieux qui se sont distingués dans le recrutement des tirailleurs et des travailleurs et dont plusieurs ont fait campagne au front. A citer Aïssat-Mohammed-ould-Mohammed, adjoint indigène de Tiaret qui a procuré 90 souscripteurs aux emprunts et 500 volontaires à l'autorité militaire; Mohammed-ben-Cheikh-Ali, caïd de Laghouat qui a obtenu 244 engagements pour l'armée et 51 travailleurs; Si-Ahmed-ben-el-Hosni-ben-Brahim, chérif d'Ouezzan, cheikh de la confrérie des Taybia qui a présenté 1.000 volontaires; et El-Fadel-Mohammed-Salah-ben-Hadj-Houcine, makaddem « chef religieux » qui a toujours mis son influence de marabout au service de la domination française depuis le début de la guerre, s'est beaucoup dépensé en conférences sur les marchés et dans les mosquées, faisant l'apologie de la France et poussant les indigènes à contracter des engagements, a recueilli d'importantes sommes qui ont été remises à la Croix-Rouge de Philippeville. »

Nos indigènes nord-africains ne nous aident pas seulement par leur héroïsme sur le front et à l'arrière, par leurs tenaces efforts pour obtenir du sol mogrebien le rendement maximum en vue du ravitaillement de la Mère-Patrie, ils nous ont apporté en outre, la robustesse de leurs bras tatoués et bronzés d'Africains solides. Ils concourent à cette œuvre sacrée : fabriquer des canons et des munitions. Depuis près de deux ans, un effectif de plusieurs milliers d'Algériens, Tunisiens et Marocains se trouve dispersé dans nos usines de guerre, dans nos arsenaux, dans nos stations-magasins, dans nos écoles d'aviation. On compte actuellement en France, dans nos usines, environ 70.000 Algériens, 25.000 Marocains et 8.000 Tunisiens.

L'emploi de la main-d'œuvre nord-africaine ne date pas de la guerre; déjà en 1912, l'initiative privée avait en Belgique, dans le Nord, en Beauce, utilisé les Kabyles soit comme manœuvres, soit comme ouvriers agricoles. Mais ce n'est guère que, depuis 1916, que les travailleurs originaires de l'Afrique du Nord ont été recrutés en nombre pour être employés chez nous. L'expérience a été concluante. Nos sujets sont capables de donner d'excellents manœuvres et, dans bien des cas, de bons spécialistes. Chaque race a ses qualités propres et si l'Algérien est un peu plus près de notre civilisation, s'il connaît mieux notre langue, il offre moins de robustesse que le Marocain et est moins sérieux que lui au travail. Le Tunisien est plus faible que les autres travailleurs, mais, par contre, d'un esprit ouvert, et capable de se transformer en ouvrier conducteur d'auto, mécanicien, métallurgiste. Nos travailleurs nord-africains sont des engagés volontaires, liés par un contrat d'embauchage pour plusieurs mois, et reçoivent une prime et un salaire qui ne peut être inférieur à 5 francs par jour. Ils sont encadrés militairement et sont logés et habillés par l'Etat. Tous ceux qui les emploient reconnaissent qu'ils rendent de bons services. La venue en France de cette main-d'œuvre nord-africaine a été une des formes les plus heureuses de l'entr'aide coloniale. Cet essai est intéressant, car il a permis à nos indigènes de prendre contact directement avec notre civilisation et de se rendre compte de notre force; il a permis, en outre, à nos sujets d'apprendre ce que c'était que le travail régulier et leur a enseigné les avantages de l'épargne. Nombreux sont les mandats d'argent expédiés par les travailleurs à leur famille restée là-bas. En 1916, 1.372 travailleurs sont rentrés au

Maroc rapportant 974.315 francs, fruit de leurs économies, ce qui représente une moyenne de 1000 francs par homme. En venant spontanément à nous, les indigènes font une bonne affaire, mais il est juste de dire qu'en loyaux sujets ils ont participé à la Défense nationale. Au lendemain de la guerre, ils nous aideront à supporter la crise de main-d'œuvre qui frappera durement notre pays.

Le loyalisme indigène n'a pas été un loyalisme de façade, il a été surtout un loyalisme agissant. Nos sujets nous donnent sans compter leur sang, leurs bras, leurs efforts journaliers.

La fidélité au régime français, la reconnaissance des bienfaits apportés par la paix française, ont été unanimement observées. La sécurité de notre établissement en terre mogrebienne a-t-elle régné d'une façon absolue, aussi bien dans les confins algéro-tunisiens que dans les provinces marocaines formant frontières avec les terres conquises par nos armes ? Il ne pouvait en être ainsi. En Algérie certains mouvements se sont produits et sur cette question les faits ont été par beaucoup dénaturés ; personne mieux que M. Lutaud n'était qualifié pour ramener les choses au point, et c'est pour cette raison que nous croyons intéressant de reproduire les paroles prononcées à ce sujet par le Gouverneur général de l'Algérie, lors de la réunion des Délégations financières, en mars 1917 : « Il faut reconnaître que certains crimes ayant un caractère collectif ont plus particulièrement ému l'opinion publique. Des groupes

de bandits, d'évadés des pénitenciers, auxquels se
mêlaient des insoumis, ont troublé la tranquillité
publique dans diverses régions telles que la frontière nord de la Tunisie, la Kabylie et le Dahra.
Des opérations de police, accomplies par des
détachements de zouaves, de tirailleurs et de
spahis, ont eu raison de ces actes, pour la répres-
sion desquels les populations indigènes, dèsqu'elles
se sont senties rassurées par la présence de la
troupe, ont prêté leur concours loyal et dévoué.

Celui de ces attentats qui a agité le plus l'opinion
a été celui de Mac-Mahon, à raison de la soudai-
neté avec lequel il a éclaté et aussi de la qualité
des victimes qu'il a faites : trois agents de l'administration et une innocente femme indigène,
coupable d'avoir coopéré au salut d'un modeste
fonctionnaire.

Ce sont là, Messieurs, des retours brusques à
l'ancienne barbarie tels que l'on peut les attendre
de nos populations indigènes quand elles n'ont pas
été pénétrées par l'instruction ; c'est le cas dans
les massifs montagneux quasi impénétrables, où
s'est fomentée cette manière de révolte. » Et M. Lutaud ajoutait « que nous ne devions pas commettre
la folie de rendre la population indigène solidaire
des excès commis par quelques-uns, et que nous
ne devions pas méconnaître les manifestations de
dévouement de nos sujets au milieu de la crise la
plus effroyable et la plus propice aux trahisons. »

De même peut-on de sang-froid rejeter sur
l'élément indigène tunisien, alors que celui-ci est

si profondément attaché à nous, la responsabilité des événements qui se sont, au début de la guerre, produits dans le Sud-Tunisien? Cette zone est trop proche des territoires tripolitains où, depuis l'entrée en guerre de l'Italie, règne une effervescence soutenue par les agents turcs et allemands, pour ne pas en sentir le contre-coup. On sait que des bandes armées ont passé la frontière et, en octobre 1915, assiégé les 200 hommes de la garnison d'Oum-Souigh, qui furent délivrés après plusieurs jours de siège. Des opérations de police durent être faites dans cette région.

Au Maroc nous aurions pu enregistrer une catastrophe. On sait que nous avons tenu et, que depuis deux ans nous n'avons cessé d'élargir notre influence à la fois par les armes et par le développement de notre action économique. Au début de la guerre, la diminution de nos effectifs d'avant-postes, les excitations allemandes eurent pour conséquence, dans les premiers jours d'août, d'enflammer l'esprit offensif des Berbères. Convaincus de pouvoir nous chasser facilement du terrain conquis, leur hostilité se fit plus active. Des succès locaux comme celui de Kenifra portèrent aux nues l'orgueil des dissidents. Mais bientôt les colonnes du général Henrys composées de territoriaux surent calmer pour longtemps l'effervescence de cette région. Il reste, néanmoins, toute une région montagneuse, une zone de guerre. L'Allemagne a su dresser contre nous des chefs indigènes, Raisouli, Abd-el-Malek et El-Hiba qui, étayés, pour ainsi dire, par la zone espagnole d'où leur vient conseils, munitions et argent, sont de rudes lutteurs. Contre nous se dressent également la harka du Tafilelt et le bloc Beni-Ouaïm. Sur chacun de ces fronts, nous faisons bonne garde : nous temporisons ou nous intervenons, selon l'opportunité.

Tout récemment les journaux publiaient l'information suivante :

« Un événement vient de se produire qui comptera parmi les plus considérables dans l'histoire de la pénétration française dans le Maroc insoumis et qui comportera les plus grosses conséquences pour la réduction progressive des principaux éléments berbères rebelles, couronnant une longue préparation militaire et politique. C'est la jonction, opérée sur la haute Moulouya, en amont de la casbah El-Maghzen, par le groupe mobile de Meknès, sous le commandement du colonel Poeymirau, et par un groupe mobile venant de Bou-Denib, sous le commandement du colonel Doury.

Cette opération, qui tend à disjoindre le bloc des tribus berbères encore insoumises du moyen et du haut Atlas, a été réalisée par l'action convergente de quatre colonnes venant de Meknès, Fez, Deldou et Bou-Denib. La jonction s'est opérée dans la matinée du 7 juin avec un plein succès, réalisant une combinaison conçue par le général Lyautey et préparée par le général Gouraud. Elle établit le raccord intérieur entre le bassin de la Méditerranée et le bassin de l'Atlantique. »

Nos troupes suppléent au nombre, au delà de

tout éloge, par la mobilité et l'endurance; notre politique conserve partout l'initiative et rythme au mieux de nos moyens la succession de nos efforts.

Le problème marocain s'élargit chaque jour : la propagande allemande en zone espagnole nous fait courir des risques dont nous étions en droit de nous croire affranchis; l'acharnement de l'Allemagne redouble, elle cherche à compenser, sur notre front marocain, les mécomptes qu'elle éprouve sur ses fronts d'Europe. Le Maroc lui paraît le point le plus important et le plus fragile de notre domaine; elle s'efforce d'y organiser, d'y coordonner les entreprises de nos adversaires. Mais là encore, nos ennemis échoueront dans leurs entreprises, le bloc où s'est implanté notre drapeau n'est pas entamé; que le bled Siba soit en lutte ouverte avec nous, qu'il oppose une résistance plus tenace grâce à l'aide germanique, cela n'a rien de surprenant. Ce qui est digne de l'admiration de tous, c'est l'effort loyal du Maroc français pour entr'aider la métropole. Derrière le rideau de fer de nos colonnes mobiles s'organise et s'élabore, en pleine guerre, notre Protectorat chérifien, et les plus sûrs partisans de cette évolution sont ces populations indigènes qui, non seulement ont répondu à l'appel aux armes, mais qui nous ont donné des travailleurs déjà réputés et qui ne cessent de mettre en valeur les riches terres que laissait tomber en friche jusqu'ici l'indifférence musulmane.

Nous pouvons être fiers de notre œuvre en terre nord-africaine, le loyalisme de nos sujets apporte à jamais la preuve que, malgré de tendancieuses et perfides campagnes de détachement conduites par les Empires centraux, secondés dans cette ténébreuse pénétration par l'autorité du Commandeur des Croyants, nous avons su rallier et unir à notre civilisation des populations longtemps hostiles et que tout semblait éloigner de nous. Dans nos campagnes aux sites familiers, des milliers de stèles islamiques tournées vers la Mecque signaleront aux générations à venir que les Nord-Africains sont tombés loyalement côte à côte avec les nôtres pour la défense du sol gaulois. Nous leur avons apporté notre civilisation, ils nous ont donné leur sang. Maintenant, ainsi que l'écrivait l'Arabe dont nous citions les paroles, c'est la main dans la main qu'il nous faudra reconstruire la grande maison française atteinte si brutalement par l'assaut des hordes teutonniques.

CHAPITRE V

L'HÉROÏSME EUROPÉEN

D'aucuns pouvaient, avant la guerre, se demander comment les divers éléments assez hétéroclites qui constituaient ce qu'un démographe de talent, M. Démontès, a dénommé « le peuplement algérien », allaient se comporter au cours des tragiques événements actuels. La question pouvait, en effet, se poser en présence de la multiplicité des molécules constitutives du « sang des races » nord-africaines.

Sur les terres conquises par la valeur de nos soldats sont venus s'abattre des représentants de toutes les variétés ethniques du bassin méditerranéen, et à côté des douze millions d'indigènes, se poussant les uns les autres, jouant du coude et quelquefois du couteau, luttant ferme pour se faire une place au grand soleil d'Afrique, plus de 1.200.000 Européens ont planté leur tente. Sur ce nombre, l'élément étranger domine, Espagnols en Oranie, dans le département d'Alger et au Maroc, originaires pour la plupart des provinces pauvres de Murcie, d'Alicante ou de Catalogne et ayant abandonné tout espoir de retour, Italiens dans le département de Constantine et en Tunisie, natifs des campagnes à demi-désertiques des Monts Calabres, ou de Sicile. A ces deux peuplements, il faut adjoindre nombre de Maltais, sujets anglais et pourtant mi-orientaux, quelques Portugais ou Grecs, puis des centaines de Levantins de races indéfinies et de professions disparates, écumes de cette Méditerranée aux rivages peuplés de tant de nationalités diverses. Avant la guerre, en Algérie, on comptait 752.000 Européens, dont 189.000 étrangers (138.000 Espagnols), 188.000 étrangers naturalisés, 70.000 Israélites, et 304.000 Français d'origine. En Tunisie, les recensements ont donné les chiffres suivants : 148.000 Européens dont 102.000 étrangers (88.000 Italiens) et 46.000 Français. Au Maroc le peuplement européen est d'année en année en voie d'accroissement, en 1905 on comptait 300 Européens, en 1911 9.890 et en 1913 48.555. L'élément français est en minorité, mais reste, cependant, prépondérant, formant ce que certains appellent la race impériale en terres africaines; c'est parmi les français que se recrute l'élite de ces pays, les classes dirigeantes, les colons, les industriels, les grands commerçants, les officiers et les fonctionnaires. Il faut que le colon français ne soit pas un tâcheron, mais un de ces propriétaires fonciers dont le rôle ne se réduit pas à la seule exploitation de ses propriétés, mais qui assure vis-à-vis et de l'élément indigène et de l'élément étranger la tâche de faire aimer et respecter la France. La colonisation officielle était une nécessité politique, car par elle nous avons pu compenser la situation difficile dans laquelle nous nous trouvions par rappport à l'immigration espagnole et italienne. Il ne faut pas oublier que le succès de tous les peuples colonisateurs, depuis les Romains jusqu'aux Anglais, repose sur le sentiment de la supériorité de la race impériale, sentiment inculqué par le peuple colonisateur aux populations indigènes : *Tu regere imperio populos, Romano, memento.*

La loi est venue suppléer à notre faible natalité. Ne pouvant envoyer en Algérie des Français de France en nombre suffisant et pour éviter que nos colons ou commerçants ne soient bientôt noyés par suite de l'afflux étranger, le Parlement a voté la loi du 26 juin 1889 instituant en Algérie la naturalisation automatique. On sait que d'après ce texte législatif, deviennent, de droit, français les fils d'étrangers nés en Algérie. C'est l'application de cette loi qui a doté l'Algérie, en l'espace de 25 ans, de 188.000 naturalisés. Quelle était au point de vue national la valeur de ces naturalisations automatiques. Plusieurs esprits distingués se l'étaient demandé avec une curiosité quelque peu empreinte d'angoisse; une race nouvelle était en formation sur les bords de la Méditerranée, française de par la loi, espagnole ou italienne de par le sang, que valait le « sang de cette race » et dans quel sens pourraient évoluer ces « Pépètes » les bien-aimés en face de la « Fête arabe». Ce qui est certain, c'est qu'en Berbérie française se constitue un peuple nouveau : les néo-Français. Même pour ceux, peu avertis des questions nord-africaines, qui débarquent là-bas, se précisent facilement les caractéristiques de ces néo-Français, caractéristiques qui sont celles de tout peuple très jeune, ardent à la lutte et pour lequel, du reste, les conditions de vie sont dures. La race nouvelle, fusion du vieux sang gaulois avec la fierté espagnole et avec la finesse italienne, est douée de cet esprit d'initiative qui nous a si souvent fait défaut ; le néo-Français est hardi et rien ne le rebute ; de ces ascendances méridionales, il a conservé une certaine suffisance et une indéniable jactance, ce sont là les défauts de ses qualités. D'une façon générale, « cagagnious » se francise peu à peu par la langue, les idées et les institutions.

Ce qui manquait aux néo-Français était cette communauté des souvenirs et des espérances, des gloires et des deuils dont est formé le pur métal de l'armature d'une nation. La guerre vient d'opérer, par le feu, cette fusion avec la France, celle de Valmy et celle de Verdun. Les Algériens, les Tunisiens ont souffert côte à côte avec nos gars de Bourgogne, de Bretagne, du Nord, de l'Est, de Savoie ou de Gascogne, dans les tranchées, et ont fait reculer l'ennemi à la Marne, à Verdun, sur la Somme et en Champagne. Les parents que la loi de naturalisation n'avait pas touchés se sont « francisés » complètement depuis le départ du fils au front. Maintes mères espagnoles et italiennes vivent dans l'angoisse et cette épreuve les rend à jamais sœurs de celles de France. Cette guerre aura fait, ainsi qu'on l'a dit, avancer de plus d'un demi-siècle la fusion des races. La fraternité des Nord-Africains est « désormais scellée dans le sang des braves à quelque race et à quelque religion qu'ils appartiennent. Il n'y a plus qu'une seule catégorie de Français : ceux qui ont combattu ensemble dans la grande lutte contre l'ennemi commun ». Multiples sont les témoignages touchants du patriotisme de nos récents compatriotes. Une mère espagnole écrivait en apprenant la mort de son fils au champ d'honneur : « Ma peine est bien grande, car j'ai perdu mes plus chères espérances, mais je vis dans l'espoir que le sacrifice de mon fils ne sera pas inutile. Il a donné son cœur à la France et il ne faut rien regretter pour la Patrie. » Le distingué écrivain Charles Géniaux, si averti des questions de l'Afrique du Nord française, signalait dans un article paru dans la *Revue Hebdomadaire* d'octobre 1915, la belle tenue au feu des Israélites algériens qui, devenus Français de part le décret Crémieux, se montraient dignes descendants des Macchabées bibliques, quoique nés de parents plus habitués aux difficultés et aux profits du négoce qu'aux labeurs des camps. L'un deux écrivait : « Je suis petit, à peine la taille réglementaire et chétif et mince de poitrine, comme tous mes coreligionnaires qui ne font pas d'exercices physiques. Cependant, je résolus de faire mon devoir, afin de payer ma dette de reconnaissance envers la France. On naturalisa les

Algériens en 1871 et ils n'avaient rien fait que de se tenir sages pour mériter cet honneur. L'heure de payer était venue. » Le paiement était plus cher que l'on se l'imagine : « Nous ne sommes pas des démons comme ces Arabes, qui se ruent contre l'ennemi avec une sorte de folie mystique. Nous examinons trop les risques, nous les Juifs, pour être spontanés et quoique nos existences soient mesquines, nous tenons au pauvre trésor de notre jeunesse. » Et cependant le sentiment de la patrie domine chez ces jeunes recrues. « En avant! en avant! ne cessaient de nous crier nos officiers, et ils nous donnaient l'exemple. Ma foi! tout en galopant, je réfléchissais que la meilleure façon de m'en tirer, c'était encore d'aller vite, le plus vite possible. Oh! Dieu Sébaoth! nous approchons, nous avançons, — pas tous, car de temps à autre l'un de mes compagnons tombait dans un soupir, comme coupé aux pieds par une faucille, — et j'ouvris des yeux épouvantés en m'apercevant que les Allemands, ayant bondi hors de leurs parapets, prévenaient notre attaque en prenant eux-mêmes l'offensive. Quels hommes! Leurs bottes leur faisaient des pieds d'éléphant, donc ils étaient inculbutables. Leurs casques à pointe, baissés vers nous, leur donnaient l'aspect de rhinocéros. Et quelle ampleur de thorax! Quels bras! Des troncs d'arbre! Comment mes biceps, gros à peine comme des bâtons, sauraient-ils affronter ces colosses? Oui, cette fois, je n'en reviendrais pas. Alors, à quoi bon m'arrêter, il valait mieux en finir, tout de suite, afin de ne plus subir l'épouvantable angoisse de la peur. Donc, je fermai les paupières, ne pouvant plus supporter la vue de ces géants et, baïonnette au canon, je fonçais avec terreur sur les Prussiens en criant en hébreu :

« — Vive l'Éternel! Vive l'Éternel! » notre cri d'amour dans le suprême danger.

« Tout à coup des voix me parvinrent aux oreilles :

« — Bravo! Moïse! Bravo! »

« Oh! Dieu terrible! j'avais culbuté et embroché un Teuton sans en avoir conscience sur l'instant, tellement j'étais affolé.

« J'ai fini, monsieur, et je puis vous assurer que mon état d'âme vous peint assez justement celui des meilleurs de mes coreligionnaires. Leur intelligence leur commanda cette attitude au feu. Par raisonnement, ils devinrent des soldats et, quelquefois, quand ils comprenaient bien leur devoir et la dette contractée envers la France, notre libératrice, ils furent même de bons soldats. »

Rien qu'au dépôt du 1ᵉʳ régiment de zouaves trois mille Juifs algériens ont été incorporés.

Comment, au surplus, nos jeunes néo-Français ne seraient-ils pas rapidement d'excellents troupiers faisant partie de ces troupes d'Afrique, dont les titres de gloire ne se comptent plus et dont le principal élément de choc est constitué par les colons français nés ou installés là-bas? N'est-ce pas en parlant de ces belles troupes qu'un général écrivait, à son retour des Dardanelles, au général Moinier alors commandant des forces de terre et de mer de l'Afrique du Nord : « Rentrant en « France, je vous exprime mon admiration recon-« naissante pour le magnifique effort qu'ont « déployé les contingents fournis par l'Afrique du « Nord dans les rudes, mais glorieuses journées, « que nous venons de vivre ensemble. »

Le général Moinier ajoutait : « Les troupes de « l'Afrique du Nord y puiseront des sentiments de « juste fierté et de confiance inébranlable en leur « valeur, qui s'affirme chaque jour d'une manière « éclatante en Orient comme dans le nord de la « France. Ce seront là de nouveaux stimulants « pour leur patriotique dévouement, leur disci-« pline et leur énergie. »

Ce sont là des titres de haute noblesse; à quel prix toutefois l'Algérie les conquiert-elle? Quels vides creusés dans ses cités et ses campagnes, parmi ses agriculteurs, ses ouvriers, ses magistrats, ses fonctionnaires !

C'est avec une juste fierté que M. Lutaud a pu dire : « Il est manifeste que l'Algérie a fait son devoir, tout son devoir. Lorsque les provinces françaises dresseront le martyrologe de leurs victimes et de leurs héros on peut pronostiquer qu'un rang d'honneur, le premier peut-être, reviendra à la colonie. » Dure sera la tâche des Français qui survivront et qui reviendront là-bas. Ils devront continuer l'œuvre de ceux qui sont tombés face à l'ennemi et être l'élément directeur de ces « Nouvelles Frances ». C'est haut et ferme qu'ils devront tenir le drapeau et ils le feront d'autant plus facilement que notre drapeau sera transformé en une loque glorieuse où en lettres d'or, ternies par la fumée des combats, la victoire sera inscrite. C'est là, la tâche de demain. Nous espérons qu'elle tentera ceux que le feu a épargnés et les jeunes, nés trop tard pour participer aux grands événements actuels, mais qui, de ce fait, auront contracté une dette sacrée envers leurs aînés. Pendant que la tempête sévit, l'Algérie ne se plaint pas ; les mères elles-mêmes savent comprimer leurs larmes. Rien ne pourra nous abattre, parce que nous avons la consolante certitude que le sacrifice de la vie humaine pour la plus noble des causes est générateur d'abondantes moissons d'énergies nouvelles. Après la mutilation de 1870, du vieux tronc gaulois ont poussé des rameaux plus vigoureux et plus verts. Aujourd'hui encore, après chaque coup de hache, l'arbre géant fait jaillir de ses fibres une sève nouvelle et intarissable. Et si la vieille France nous offre ce spectacle, que dire des réserves inépuisables de vitalité que recèle cette terre d'Algérie, école d'endurance pour notre armée, champ d'entraînement et de lutte pour nos colons. On l'a comparée à un grand creuset où s'élaborait l'amalgame des races. Or, sur les funèbres listes qui s'allongent, nous voyons confondus pêle-mêle les Français de vieille souche, les naturalisés d'origine espagnole ou italienne, les Israélites et les musulmans indigènes ; tous, animés d'une rivalité sainte. C'est dans la majesté de la soufrance et de la mort, mieux encore que dans la fièvre de la vie que s'opère cette miraculeuse fusion.

CHAPITRE VI

L'entr'aide coloniale

L'Afrique du Nord française a répondu avec un magnifique élan à l'appel de la Patrie en danger. Nous avons esquissé, trop rapidement hélas! le loyalisme de nos populations indigènes, algériennes, tunisiennes et marocaines, et leur empressement à servir la France soit le fusil à la main, soit en maniant l'outil dans nos usines de guerre. Nous avons signalé avec quel héroïsme nos Français d'Afrique, qu'ils soient membres de notre grande famille depuis peu ou qu'ils soient descendants de vieille souche du tronc gaulois, ont fait et font leur devoir. L'entr'aide militaire de nos colonies nord-africaines a donc été et par sa qualité et par son nombre un grand appoint pour nos armées. Il n'est pas encore permis d'indiquer les chiffres de ces contingents dont, ni la marine de guerre austro-allemande, au début des hostilités, ni la campagne sous-marine, n'ont pu entraver l'envoi régulier en France ou en Orient. Il suffit qu'on se rappelle que, durant la guerre de 1870-1871, l'Algérie avait envoyé, et cela marquait à cette époque un réel effort, une trentaine de mille hommes;

et qu'actuellement ce chiffre est plusieurs fois dépassé. Pour le Maroc seul, on compte plus de 40.000 volontaires indigènes et c'est une terre à peine conquise et dont, en ce moment encore, nous soumettons les derniers territoires, hostiles jusqu'ici à notre influence.

Aux contingents indigènes il faut joindre ces 50.000 agriculteurs européens habitués à la vie large des colonies, mais également préparés par une longue endurance aux épreuves de la guerre, grâce à leur vie active et parfois aventureuse. L'Afrique du Nord française a donné le meilleur de son sang et la Métropole se devra de prendre les mesures nécessaires pour que ce sacrifice ne soit pas vain et que, malgré les pertes subies, l'élément colon poursuive, sans entraves, son œuvre d'expansion française en terres d'outre-mer.

L'armée pacifique des travailleurs nord-africains, algériens, tunisiens et marocains s'est constituée depuis septembre 1916. Nous avons précédemment indiqué quels en sont les effectifs ; nous savons que, depuis que le recrutement de ces travailleurs appartient au Ministère des colonies, un effort nouveau a été demandé en Algérie et en Tunisie ; le Maroc a été invité, également, à activer le recrutement de ces travailleurs qui, par suite de leurs réelles qualités d'application et de consciencieux labeur, font, si l'on ose s'exprimer ainsi, « prime sur le marché » des travailleurs coloniaux, en l'espèce le Dépôt des Travailleurs coloniaux de Marseille.

L'entr'aide coloniale a joué un rôle considérable dans le ravitaillement de la Métropole, rôle qui devient de jour en jour plus important et qui, loin de cesser après les hostilités, se trouvera encore amplifié par la dure nécessité où nous nous trouverons de vivre, sur nos terres, des produits de nos terres, c'est-à-dire de ceux du sol métropolitain comme de ceux de nos « Frances lointaines ». L'Afrique du Nord nous a envoyé et nous envoie maintes denrées alimentaires. Il est juste de signaler toutefois qu'au commencement de la guerre, la Métropole n'a pas fait appel à toutes nos ressources africaines par ignorance ou par négligence.

Algérie. — L'année 1914 avait été, dans ces contrées, désastreuse au point de vue agricole. « Nos indigènes étaient atteints sous deux formes, faisait savoir le Gouverneur général Lutaud.

L'année 1914, parachevant le désastre d'une longue période de sécheresse, avait anéanti la plus grande partie de leurs récoltes en céréales. Il fallait leur donner les moyens de vivre et d'ensemencer.

En second lieu, les débouchés sur lesquels ils avaient coutume de compter, se sont trouvés subitement fermés. C'est ainsi que la guerre a interrompu brusquement la campagne ovine. L'Algérie n'avait encore exporté, le 31 juillet, que 650.000 moutons; il en restait plus de 400.000, que nos indigènes ont vainement offerts en août et en septembre; ce reliquat est resté invendu, soit par suite de la mobilisation des acheteurs, soit par la suspension du crédit des banques, soit par l'interruption des droits de transport.

Les indigènes ont ainsi subi une perte sèche, qu'il faut évaluer à un minimum de 10 millions. Pendant ce temps les dattes, les figues, les caroubes, les huiles, produits indigènes par excellence, se heurtaient à la fermeture de tous les marchés habituels de consommation, dont beaucoup étaient en Allemagne et en Autriche. »

Ces paroles étaient prononcées en juin 1915. Depuis, l'effort algérien en faveur du ravitaillement a été des plus remarquables, ainsi que le prouvent les quelques chiffres indiqués dans les tableaux I et II.

Tunisie. — Une grave crise agricole en 1914 et la perturbation occasionnée par la mobilisation générale, puis les difficultés de plus en plus grandes créées à son propre ravitaillement et à ses transports par la guerre, ont fait fléchir les exportations totales de la Tunisie de 178 millions de francs en 1913 à 106 millions en 1914, 125 en 1915 et 119 en 1916.

Néanmoins, par l'institution d'un régime de prohibitions de sortie qui laissait au gouvernement du Protectorat la possibilité d'accorder des autorisations d'exportations sur la France, il a été possible de réserver à la métropole les denrées d'alimentation disponibles, en quantités dépassant

PRODUITS ALIMENTAIRES FOURNIS A LA MÉTROPOLE

ALGÉRIE

TABLEAU I

	Unités	1914		1915		1916		1917	
		En valeur par 1.000 f.	En quantité	En valeur par 1.000 f.	En quantité	En valeur par 1.000 f.	En quantité	En valeur par 1.000 f.	En quantité
Grains et farines...	Qx.	80.391.000	3.141.436	60.992.000	2.275.134	88.326.000	3.874.285	3.814.000	538.460
Gruaux et pâtes....	—	2.323.000	53.193	2.285.000	46.249	6.968.000	161.774	2.001.000	33.462
Légumes frais......	—	7.803.000	218.031	5.196.000	180.817	4.118.000	150.543	3.009.000	64.715
Légumes secs.......	—	844.000	25.576	3.235.000	75.701	5 215.000	130.808	7.874.000	48.708
Pommes de terre...	—	3.910.000	156.439	2.577.000	95.447	3.869.000	144.300	2.587.000	85.236
Vins...............	Hectl.	87.433.000	5.130.063	207.460.000	8.289.852	259.584.000	5.054.974	123.464.000	2.488.082
Alcools............	—	1.555.000	15.982	41.329.000	60.938	5.739.000	28.078	49.637.000	47.937
Mistelles..........	—	2.048.000	51.304	2.531.000	76.155	1.413.000	20.186	1.277.000	13.451
Huiles.............	Qx.	5.495.000	45.883	7.360.000	54.464	11.071.000	82.009	3.197.000	18.175
Agrumes............	—	2.318.000	99.372	2.414.000	105.180	2.604.000	114.308		
Dattes.............	—	1.298.000	26.781	3.065.000	48.633	3.925.000	62.286	12.971.000	262.983
Raisins............	—	2.126.000	92.420	1.705.000	92.061	956.000	51.687		
Figues.............	—	893.000	35.280	4.648.000	103.304	5.672.000	136.049		
Moutons............	Têtes	26.361.000	698.963	44.524.000	1.127.820	32.135.000	817.225	4.344.000	
Bœufs..............	—	4.168.000	18.448	14.105.000	58.751	5.924.000	22.842		
Poissons frais.....	Qx	377.000	4.107	1.172.000	5.347	1.239.000	10.775	2.141.000	10.103
Poissons conservés.	—	693.000	7.216	1.247.000	18.400	4.570.000	51.783		
Œufs...............	—	283.000	1.532	2.036.000	7.270	5.387.000	49.210	2.621.000	13.043
Sel................	—	233.000	54.237	75.000	18.728	155.000	39.102		
Caroubes...........	—	206.000	18.709	324.000	24.990	502.000	38.590		

MATIÈRES PREMIÈRES ENVOYÉES EN FRANCE

ALGÉRIE

TABLEAU II

		1914		1915		1916		1917	
	Unités	En valeur par 1.000 f.	En quantité	En valeur par 1.000 f.	En quantité	En valeur par 1.000 f.	En quantité	En valeur par 1.000 f.	En quantité
		—	—	—	—	—	—	—	—
Minerais de fer.....	Tonnes.	354.000	26.511	278.000	19.581	576.000	40.606	250.000	17.970
Minerais de zinc....	—	404.000	2.592	1.227.000	4.910	1.523.000	6.094	34.000	141
Minerais de plomb..	—	919.000	6.383	2.563.000	14.603	3.852.000	22.015	3.541.000	8.881
Minerais d'antimoine.	—	152.000	1.100	412.000	2.639	1.223.000	8.036	2.572.000	8.746
Phosphates.........	—	2.888.000	126.713	119.000	1.756	711.000	28.576	139.000	4.577
Kisselghur.........	Qx.	88.000	7.345	64.000	5.309			47.000	4.970
Laines.............	—	9.835.000	68.944	19.958.000	113.462	11.395.000	71.338	2.761.000	11.437
Peaux brutes.......	—	5.080.000	21.375	7.337.000	32.513	9.458.000	41.206	4.711.000	14.714
Tabacs.............	—	3.326.000		14.171.000		10.147.000		7.199.000	
Lièges bruts.......	—	2.214.000	44.780	2.661.000	60.790	7.852.000	162.260	3.935.000	56.070
Crin végétal.......	—	958.000	74.016	2.642.000	101.305	2.259.000	180.764	1.256.000	78.789
Écorce à tan.......	—	354.000	20.513	979.000	54.414	569.000	31.665	369.000	17.000
Tartres............	—	993.000	6.496	2.179.000	12.105	1.437.000	7.984	817.000	3.721
Lie de vin.........	—	512.000	18.320	869.000	26.337	597.000	15.185	353.000	6.725
Coton.............	—	124.000	548	13.000	50	335.000	1.411	82.000	156
Racines de bruyère. Bois d'ébénisterie....	—	1.254.000	23.490	1.118.000	21.090	1.167.000	21.420	872.000	7.250

pour la plupart très sensiblement celles livrées à la France en temps normal.

Les principales exportations alimentaires sur la France sont les suivantes :

Bovins.

	1914	1915	1916
Sorties sur la France :	187 têtes	7.421 têtes	4.003 têtes
Sorties de la marine :	1.559 »	287 »	2.123 »

Les chiffres d'exportation totale ont été considérablement réduits par la suppression du transit du bétail algérien. La Tunisie a dû faire face aux besoins exceptionnels de l'armée et de la marine qui ne sont pas inférieurs à 23.000 têtes par an. D'autre part, le troupeau a cessé de se reconstituer, comme les années qui ont précédé la guerre, à l'aide des importations algériennes qui, de 12.000 d'après la moyenne décennale, sont tombées en 1916 à 2.100. Les possibilités d'exportations sont dès lors très réduites. Elles sont à peu près entièrement réservées à la métropole.

Ovins.

	1914	1915	1916	1917 1er semest.
Sorties sur la France :	29.250 têtes	147.140 têtes	83.900 têtes	40.374 têtes
Sorties de la marine :	1.940 »	»	»	»

Les achats de la France absorbaient déjà avant la guerre la presque totalité des sorties des moutons. En 1917 tous les achats disponibles pour l'exportation ont été réservés à l'Intendance.

Poissons.

1914	1915	1916	1917 1er semestre
310 qx.	383 qx.	3.291 qx.	155 qx.

Les exportations totales de poissons de la Régence sont tombées depuis la mobilisation de 22.600 quintaux en moyenne à 7.200 en 1916. En temps normal les produits des pêches tunisiennes sont drainés vers l'Italie par le jeu des tarifs douaniers. La France n'en achète que 2.600 quintaux en moyenne. Exceptionnellement, en 1916, l'Intendance a acquis la presque totalité des produits des thonaires.

Blé.

1914	1915	1916
7.365 qx.	153.374 qx.	111.687 qx.

La Tunisie produit en année moyenne environ 1.600.000 quintaux. Cette quantité ne suffit pas aux besoins de la consommation du pays. Cependant la Régence exportait avant la guerre environ 240.000 quintaux envoyés surtout en France. En effet, sa récolte étant hâtive, ses blés primeurs allaient en France au mois de juin, faciliter la soudure entre les deux campagnes. La Tunisie importait ensuite une quantité supérieure de blé et de farine.

En 1914 la récolte fut presque nulle et il en résulta de grandes difficultés pour le ravitaillement. Actuellement, alors qu'il n'est plus possible de compter sur les arrivages de l'extérieur, les blés récoltés en Tunisie ne permettent que très difficilement d'assurer la consommation du pays.

Orge.

1914	1915	1916
15.115 qx.	255.109 qx.	155.112 qx.

La production moyenne est de 1.600.000 quintaux. Les régions du Nord de la France absorbaient en temps normal, pour les besoins de la malterie, un peu plus de la moitié des exportations : 400.000 quintaux environ sur près de 700.000. Ces régions étant envahies, les ventes à la France ont baissé. D'autre part, une partie de la récolte doit actuellement être réservée pour combler le déficit du blé dans la consommation locale. En 1916, toutes les quantités disponibles ont été réservées à l'autorité militaire et aux troupes italiennes de Tripoli.

Avoine.

1914	1915	1916
64.000 qx.	521.700 qx.	302.000 qx.

Depuis 1915 l'exportation de cette céréale par le commerce est rigoureusement interdite. L'intendance militaire achète toutes les quantités disponibles pour le ravitaillement du front français et de l'armée d'Orient. Les exportations de 1917 seront certainement plus fortes que celles de l'an dernier.

Son.

1914	1915	1916	1917 1er semestre
9.600 qx.	14.000 qx.	77.500 qx.	18.788 qx.

La production en son des minoteries tunisiennes s'est accrue depuis que les importations de farine ont cessé. La plus grande partie en est dirigée sur la métropole.

Dattes.

1914	1915	1916	1917 1er semestre
2.357 qx.	3.312 qx.	3.653 qx.	5.193 qx.

L'exportation des dattes est assez importante. Elle varie entre 30 et 40.000 quintaux. La France n'absorbe de cette exportation que 1 p. 10 environ. Le surplus va en Algérie et en Italie.

Amandes.

1914	1915	1916
1.650 qx.	5.417 qx.	4.090 qx.

L'exportation moyenne est de 4.000 quintaux. La presque totalité a été envoyée à Marseille pendant la guerre.

Huiles.

1915	1916	1917 1er semestre
5.099.200 ks.	8.030.000 ks.	15.175.000 ks.

Les exportations varient d'année en année suivant la récolte réalisée et les apparences de la nouvelle récolte. Leur moyenne ressort pour la période qui a précédé la guerre à 8 millions de kilos, dont 5 millions et demi sur la Métropole.

La part des exportations sur la France s'est accrue pendant la guerre, Marseille a acquis les 5/7 de l'exportation totale en 1915, les 7/8 en 1916. Pour 1917, qui représente une année de production exceptionnelle, la totalité des crédits ouverts jusqu'à ce jour s'élève à 25 millions de kilos, entièrement réservés à la métropole.

Huile de grignons.

1915	1916	1917
3.273 qx.	4.152 qx.	16.488 qx.

La production est d'environ 18.000 quintaux. Ces huiles sont destinées au graissage. La marine a, d'autre part, exporté pour les besoins de la flotte, comme huiles de graissage, tant en huiles de grignons qu'en huiles d'olives de 2ᵉ ou de 3ᵉ pression :

1914	1915	1916	1917 jusqu'au 1ᵉʳ mai
4.324 qx.	7.262 qx.	6.044 qx.	4.521 qx.

Vins.

	1914	1915	1916	1917 1ᵉʳ semestre
Commerce. .	40.031 hect.	56.461 hect.	46.779 hect.	51.740 hect.
Marine. . . .	2.680 »	8.325 »	2.877 »	55.946 »

La Tunisie produit en moyenne 3 ou 400.000 hectolitres de vin. La consommation locale absorbe plus de la moitié de cette production moyenne.

En 1916, la marine a réquisitionné pour ses besoins la moitié de la production moyenne, soit 140.000 hectolitres. La récolte ayant été bonne, il a été ouvert en outre un crédit d'exportation, exclusivement sur la France, de 80.000 hectolitres qui n'est pas encore épuisé.

Matières premières fournies par la Tunisie à la France pendant la guerre. — La Tunisie, qui ne se trouve pas à même de contribuer d'une manière très appréciable au ravitaillement de la métropole en ce qui concerne les produits d'alimentation, est placée dans des conditions bien plus avantageuses au point de vue des matières premières nécessaires à l'industrie. Elle est capable de répondre à de plus larges appels de la métropole et de lui fournir, en quantité plus considérable, les dépouilles de ses animaux, l'alfa, la production de ses mines et carrières (phosphates, minerais de fer, de plomb, de zinc, etc.)

La production minière presque totalement arrêté par la mobilisation, s'était relevée, sensiblement au milieu de 1915. Elle est actuellement restreinte par les difficultés de transport, la réduction des débouchés et la mobilisation du personnel français et italien.

Les principales exportations des matières premières sur la France sont les suivantes :

Peaux d'animaux de boucherie.

1914	1915	1916	1917 1er semestre
8.155 qx.	14.611 qx.	13.161 qx.	5.382 qx.

Avant 1914, la moitié seulement des peaux allaient en France. En 1915 et 1916 les achats du ministère de la Guerre, restreints aux bonnes qualités, ont porté sur les trois quarts des sorties.

Laines.

1914	1915	1916
400.700 ks.	800.000 ks.	1.140.000 ks.

La moyenne des exportations des laines était, avant la guerre, de 1.000.000 kgs. environ, dont un peu plus de la moitié sur la France. Dans les années 1914 et 1915 la part de la France s'est considérablement accrue. A compter de 1916 la totalité des exportations a été dirigée sur la métropole. Elles se sont élevées à 1.140.000 kgs. pour 1916. Pour 1917 la campagne est en cours.

Alfa

1914	1915	1916	1917 1er semestre
2.112 tonnes.	296 tonnes.	35 tonnes.	Néant.

La Tunisie possède de riches ressources en alfa. L'exportation, qui atteignait normalement 48.000 tonnes, peut être considérablement accrue dans la mesure des débouchés. Presque toute la production de la Régence est jusqu'à présent livrée aux fabricants de papier d'Angleterre. Il serait extrêmement désirable que l'industrie française pût transformer ce produit en pâte à papier soit dans la Métropole, soit sur place. L'étude de la question a été entreprise par le syndicat des fabricants de pâte à papier. Il y a d'ailleurs deux obstacles à la transformation sur place ; l'un c'est que la Tunisie manque d'eau, surtout dans le sud où pousse l'alfa, l'autre c'est que le transport de l'alfa sur le pont des navires est moins onéreux que ne le serait sans doute celui de la pâte à papier.

Phosphates.

1914	1915	1916	1917 1er semestre
400.000 tonnes.	342.000 tonnes.	210.000 tonnes.	52.211 tonnes.

La Tunisie est normalement le principal fournisseur de la France. Néanmoins la Métropole n'absorbe pas plus du 1,3 de la production tunisienne qui atteignait en 1913 environ 2 millions de tonnes. Depuis 1914 les exportations ont graduellement diminué jusqu'à 1.034.000 tonnes en 1916, par suite de la rareté des frets et de la réduction des demandes. Les achats de la France étaient avant la guerre de 600.000 tonnes en moyenne. Le surplus de l'exportation est destiné principalement à l'Italie et à l'Angleterre.

En 1915 et 1916 la Tunisie a en outre suppléé par quelques envois en France de superphosphates (2.450 tonnes et 2.000 tonnes) au ralentissement de l'industrie métropolitaine.

Fer.

1914	1915	1916	1917 1er semestre
40 tonnes.	»	17.000 tonnes	9.368 tonnes.

La Tunisie exportait en 1913 589.000 tonnes de minerai de fer, en totalité vendues à l'étranger. La production totalement arrêtée à la fin de 1914 a repris son activité dans le courant de 1915. Les industriels restreignent encore leur production pour la limiter aux débouchés existants. En 1916, pour la première fois, la France a réalisé en Tunisie des achats de quelqu'importance.

Plomb.

	1914	1915	1916	1917 1er semestre
Minerai :	738 tonnes	6.880 tonnes	5.732 tonnes	7.297 tonnes
Métal :	0,4 —	1.637 —	4.332 —	8.246 —

La production du minerai de plomb était à 44.000 tonnes en moyenne. Elle s'est relevée en 1916 à des chiffres correspondant à ceux d'avant la guerre. Une fonderie de plomb, qui, sous la direction de la Société Française de Pennaroya, a pris un développement important, traite une partie du minerai produit.

Jusqu'à présent la part de la France dans les exportations avait été relativement faible. En 1916, sur 30.000 tonnes de minerai, 6.000 sont allées à la France et 24.000 en Italie et en Espagne. Sur 15.000 tonnes de plomb métallique, 4.400 ont été achetées par la France et 10.000 par l'Angleterre.

Un décret français du 25 avril 1917 a réduit à 1/10 les droits de douanes élevés qui écartaient de la Métropole les plombs tunisiens. La Tunisie a établi d'autre part un droit ad valorem de 2 p. 100 à la sortie sur tous les plombs non destinés à la France. Par suite de ces mesures, la situation s'est modifiée en faveur de la métropole, ainsi qu'il résulte d'ailleurs des chiffres donnés pour le premier semestre 1917 comparés à ceux des années précédentes.

Zinc.

1914	1915	1916	1917 1ᵉʳ semestre
2.316 tonnes	—	3.000 tonnes	3.060 tonnes

La production atteignait en moyenne 35.000 tonnes. Éprouvée par la guerre, l'exportation fut nulle pendant le 2ᵉ semestre 1914 et en 1915. La situation s'améliore progressivement depuis 1916. L'exportation a atteint en 1916, 12.600 tonnes dont 7.800 aux États-Unis.

Maroc. — Le Maroc a fourni à la métropole pour son ravitaillement les produits et les quantités ci-après :

Produits achetés	Unités	Campagne 1914-1915 du 1ᵉʳ Juillet 1914 au 30 Juin 1915	Campagne du 1ᵉʳ Juillet 1915 au 30 Juin 1916	Campagne 1916-1917 (en cours) Chiffres arrêtés au 30 Juin 1917
Blé dur....	Quint.	89.668 1	234.231	400.059
Orge.	»	131.600 1	1.145.200	1.603.192
Maïs.	»	»	18.377	185.228

1. Les céréales réalisées par l'Intendance en 1914-1915 ont été destinées en majeure partie par la France au ravitaillement de Tanger, de la Tunisie et du Monténégro. 62.500 quintaux d'orge seulement ont été expédiés en France.

Produits achetés	Unités	Campagne 1914-1915 du 1er juillet 1914 au 30 Juin 1915	Campagne du 1er juillet 1915 au 30 Juin 1916	Campagne 1916-1917 (en cours) Chiffres arrêtés au 30 Juin 1917
Fèves........	»	131.600	18.377	62.014 [2]
Laines,....	»	9.454	26.731 [3]	14.370 [4]
Peaux de moutons..	»	174.672	98.916 [3]	35.692 [5]
Peaux de chèvres...	»	3.720	596.712 [3]	554.748 [6]
Porcins.....	Têtes	»	»	5.791 [7]
Bovins....	»	»	»	6.230 [8]

L'élan de solidarité de l'Afrique du Nord, envers les infortunes dont était frappée la mère-Patrie, a revêtu des formes multiples. En Algérie, collectivités et individus ont rivalisé de dévouement et d'ingéniosité. Les Conseils généraux des trois départements dont on connaît la pénurie budgétaire, ne pouvant convertir des emprunts nouveaux, ont converti des emprunts anciens, pour allouer aux départements envahis des subventions s'élevant ensemble à 1.400.000 francs. Le gouvernement général de l'Algérie a notifié aux pouvoirs publics qu'il réservait aux réfugiés français ou belges les deux tiers de nos concessions gratuites,

2. La réalisation des disponibilités du Maroc en fèves n'a été demandée par la métropole qu'en avril 1917. Un ordre résidentiel du 20 avril 1917 (B. O. 30/4/17, page 492) en a interdit l'exportation.

3. Quantités arrêtées au 31 décembre 1916.

4. Réalisations du 1er janvier au 30 juin 1917.

5. Les achats de peaux de moutons, interrompus depuis novembre 1916, ont repris le 1er juin 1917.

6. Réalisations, du 1er janvier au 30 juin 1917.

7. Les achats de porcins par l'Intendance n'ont commencé que le 20 octobre 1916.

8. Suivant les instructions de l'Inspection générale du Ravitaillement, des achats de bovins sont effectués par l'Intendance pendant deux mois, du 11 mai au 13 juillet 1917 (quantités arrêtées au 13 juillet).

c'est-à-dire tout ce dont la loi lui permet de disposer.

L'Afrique du Nord a participé autant qu'elle a pu aux emprunts de la Défense nationale. On y a vu les indigènes eux-mêmes prendre des Bons ou des Actions de ces emprunts. Or, on sait quel a dû être, en agissant ainsi, leur effort, car pour le musulman, le prêt à intérêt est chose peu recommandable. Les chiffres des participations nord-africaines sont d'éloquents évocateurs de l'union de nos colonies avec la Métropole.

L'Algérie a souscrit pour une somme de 370.600.000 francs à ces divers emprunts de la Défense nationale. La Tunisie avait souscrit, le 30 juin 1917, pour une somme de 126.814.614 fr. Le Maroc, en décembre 1916, avait pris pour 64 millions de bons de la Défense nationale et souscrit à 1.200.000 francs d'obligations de la Défense nationale. Il a été versé 10.806.530 francs à l'emprunt 5 p. 100 de la Défense nationale; en août 1917, les souscriptions aux emprunts de 1915 et de 1916 dépassaient 18 millions; d'autre part, le Protectorat a fourni à la Banque de France 1 million en or.

L'Algérie s'est enfin efforcée de ne pas « coûter » à la France pendant ces heures difficiles et s'est fort bien tirée de cette situation. C'est ainsi qu'elle a pourvu au déficit de 1914 par les excédents de 1913 et qu'elle a paré à celui de 1915, qui se montait à 16 millions, grâce à ses fonds de réserve et le produit des bons du Trésor, émis par elle et escomptés par la Banque de l'Algérie.

TROISIÈME PARTIE

LES QUESTIONS ÉCONOMIQUES

CHAPITRE VII

LE DÉVELOPPEMENT ÉCONOMIQUE
DE L'AFRIQUE DU NORD AVANT LA GUERRE

Lorsque nos troupes s'emparèrent de la Régence d'Alger, l'arrière-pays algérien n'était qu'une contrée pauvre et fiévreuse. Des famines fréquentes ravageaient périodiquement les populations clairsemées; l'insécurité était de règle; les luttes intestines et les razzias empêchaient tout essor économique. La Mitidja n'était que marécages, l'Oranie qu'une région plus ou moins désertique. Le commerce principal consistait dans les profits de la piraterie des boutres algériens, oranais et des diverses cités côtières. Avant la conquête, l'Algérie, en somme, n'était que terres fauves, stérilisées par de longs siècles d'Islam et de barbarie. De l'antique prospérité romaine, plus rien ne subsistait, les Vandales et les Arabes avaient, semblait-il, à jamais enfoui cette civilisation sous les sables de Timgad et de Lambès.

Cette civilisation, nous l'avons à nouveau fait surgir des espaces désertiques. Elle a refleuri plus vivace et plus puissante que jamais. Aux légions romaines ont succédé les soldats-laboureurs du « père Bugeaud », maniant le fusil et la pioche; ils ont défriché la colonie. Grâce à leur dur labeur au grand soleil d'Afrique, ils ont permis à nos contemporains d'édifier sur ce sol ainsi préparé cette belle Algérie, joyau de notre domaine d'outre-mer.

Plus près de nous, l'œuvre de reconstitution s'est également, et avec le même succès, poursuivie en Tunisie depuis quarante ans. Et, à l'heure actuelle, après avoir laissé à leurs fils la gloire de conquérir le Maroc, nos braves territoriaux pacifient et préparent pour le retour du front de leurs gars cette terre si riche en elle-même, mais où tout faisait défaut, routes, chemins de fer, irrigations.

La prospérité de l'Afrique du Nord française est bien l'œuvre de notre race, de ceux de 1830, des proscrits de 48, des militaires à « impériale » et des colons modernes. Nous avons droit de nous enorgueillir. L'étranger avant nous avait glorifié notre action économique dans le Morgreb. Le Post master général britannique, Herbert Samuel, écrivait en 1911 : « Je puis vous assurer, et c'est l'avis général des auteurs anglais au sujet de la colonisation dans le Nord de l'Afrique, que rarement et peut-être jamais dans l'histoire humaine, une nation civilisée n'a eu un succès plus général dans le gouvernement de peuples arriérés et n'a mieux réussi dans leur développement économique que la nation française. » Notre œuvre en terre d'Afrique a été dernièrement brossée à larges traits par M. Augustin Bernard : « Nous avons d'abord rendu la vie à l'Afrique du Nord en lui donnant des artères, en y créant des voies de communications et de travaux publics de toutes sortes, ports, routes, chemins de fer : 3.300 kilomètres de voies ferrées sont ouvertes à l'exploitation en Algérie, 1.800 en Tunisie. Des travaux hydrauliques ont permis d'irriguer de vastes surfaces. Les exploitations minières ont pris une importance considérable; l'Afrique du Nord joue dans la production des phosphates de chaux un rôle mondial qui la place au tout premier rang, à côté, bientôt audessus des États-Unis. La production des minerais de zinc est considérable. En ce qui concerne l'agriculture le rôle des Européens a été triple : ils ont introduit des cultures nouvelles, augmenté et régularisé le rendement des cultures anciennes, étendu les surfaces cultivées. Nos colons ont créé ce magnifique vignoble de 160.000 hectares qui représente une somme énorme d'efforts et de capitaux et qui a tant contribué à implanter notre race, en même temps que « la plus française de toutes les cultures ». L'amélioration du matériel et des pratiques agricoles, la substitution de la charrue française à l'araire indigène, le remplacement de la jachère inculte par la jachère cultivée, les méthodes du dry farming plus ou moins inconsciemment appliquées, ont accru considérablement le rendement des céréales et permis de se livrer à leur culture dans les régions que les indigènes considéraient comme inutilisables. Comme le vin et le blé d'Algérie, le mouton africain joue un grand rôle dans l'alimentation de la métropole. Et c'est dans toutes les grandes villes de l'Europe que les primeurs peuvent se créer des débouchés. La vieille culture phénicienne de l'olivier a été rénovée par nous ; la Tunisie est ici au premier rang, et dans la région de Sfax en particulier l'association de l'Européen et de l'indigène pour la plantation des olivettes a donné de merveilleux résultats. Je ne parle pas du liège, de l'éponge et de tant d'autres richesses que les indigènes n'utilisaient pas et que nous avons mises en valeur. Comment ne pas être saisi d'admiration en présence de ce magnifique vignoble qui fait de la Mitidja une des plus riches plaines du monde, de ces moissons dorées qui ondulent à perte de vue dans la plaine de Bel-Abbès, de ce parc à la française que constituent les olivettes de Sfax, et qui verdoie jusqu'aux limites de l'horizon ! Rien de tout cela n'existait avant nous et nous avons vraiment tiré toutes ces richesses du néant. »

Avant la guerre, le commerce général de notre Afrique du Nord était évalué à plus d'un milliard cinq cents millions de francs.

Algérie. — L'essor économique de l'Algérie n'a pas été obtenu aussi rapidement que celui de la Tunisie et que celui poursuivi actuellement au Maroc; nous n'avions en 1840 ni l'expérience, ni l'ardeur colonisatrice. Il a fallu l'épreuve de l'Année terrible pour que nous tournions nos regards vers nos possessions lointaines et pour que nous apportions toutes nos énergies à la mise en valeur de nos « Nouvelles Frances ».

Nos efforts en Algérie ont porté sur l'agriculture, conformément aux principes généraux de colonisation qui veulent que le stade agricole précède, en général, l'action industrielle. Aussi les pouvoirs publics ont, durant de longues années, apporté tous leurs soins à créer un peuplement français agricole, et il est juste de reconnaître que, malgré certains déboires, c'est cet élément de ruraux modestes, mais tenaces, laborieux et hardis qui est parvenu à doter cette contrée de sa prospérité agricole.

La sèche éloquence des chiffres indiquera, mieux que n'importe quel commentaire, l'importance de la production rurale algérienne dans l'économie générale de cette colonie. Sur un chiffre d'exportation de plus de 400 millions en 1913, il y a lieu de compter 47.493.000 francs représentant la valeur des expéditions de moutons; 152.756.000 francs les expéditions de vins; 36.283.000 francs celles de froment; 21.269.000 francs celles de l'orge;

21.471.000 francs celles des primeurs, oranges et des fruits secs, dattes et figues, et 11.956.000 francs celles de l'avoine. A ces exportations, il y a lieu d'ajouter celles de la laine : 12.431.000 francs, du liège : 12.751.000 francs, du tabac : 13.521.000 francs et de l'huile d'olive : 2.043.000 francs. Le vignoble algérien voit son importance s'accroître d'année en année. Des lois protectrices ont permis à la fois le maintien des forêts algériennes et la complète mise en exploitation des richesses sylvestres. Le revenu tiré de cette exploitation dépasse annuellement 6 millions. Sans étudier la valeur économique de l'Algérie, nous voulons simplement rappeler l'importance qu'elle avait, avant la guerre ; outre sa proverbiale richesse agricole, notre colonie a trouvé dans son sous-sol, des éléments de prospérité dont il y a cinquante ans personne ne se doutait : phosphates, dont, en 1913, l'exportation a représenté un chiffre de 13.627.000 francs, fer dont il est sorti des ports algériens durant cette même année pour 16.951.000 francs, zinc, dont on a extrait du sous-sol pour 13.134.000 francs en 1913.

L'Algérie, par suite de l'accroissement de sa population, par suite des facultés d'achat de plus en plus larges de ses habitants, en raison de leur aisance graduelle, est devenue un marché important. Les mouvements d'échange, jouent chaque jour un rôle plus grand ; pour le commerce d'exportation français par exemple, il y avait pour nos industriels et nos commerçants comme un marché privilégié qui, suivant une heureuse expression,

« activait le tirage de la vie sociale en France ». Les importations françaises s'élevaient en 1911 à plus de 475 millions de francs, en 1912 à 540 millions de francs et en 1913, à 550 millions de francs.

Le commerce algérien a donc réalisé, surtout depuis 1900, un essor prestigieux; on peut dire qu'en moins de douze ans, ce commerce a doublé, en 1913 il atteignait 906.000.000 de francs dont 597.500.000 francs à l'importation et 308.500.000 fr. à l'exportation, commerce presqu'exclusivement effectué entre la France et l'Algérie.

Les résultats de cette si favorable situation furent, conséquence intimement liée à la vie économique d'une contrée, que le budget algérien a vu entrer dans ses caisses des plus-values annuelles et constantes et que l'outillage économique s'est développé corrélativement à la prospérité générale, celui-ci étant fonction de cette dernière. Le port d'Alger est devenu par son importance, le second port français et ceux d'Oran, Bône, Bougie suivent ses traces. Les voies ferrées étendent leurs réseaux et voient leurs recettes doubler depuis 1900; en 1913 celles-ci ont atteint 58 millions de francs.

A la veille de la guerre, les plus belles espérances pouvaient être conçues en faveur de l'Algérie. Tout le bénéfice de tant d'efforts poursuivis au milieu souvent d'injustes critiques allait-il disparaître, emporté à jamais dans la tempête? Nous avons vu comment, à l'heure du danger, le loyalisme indigène nous a à jamais apporté la certitude qu'en Algérie nous n'avions pas bâti une maison sur du sable mouvant, mais sur un granit intaillable. Mais, malgré ce loyalisme et malgré l'héroïsme européen, on pouvait craindre que l'édifice économique ne s'effondrât. Les chefs des exploitations agricoles, les dirigeants des entreprises commerciales partaient mobilisés, la main-d'œuvre indigène se raréfiait par l'appel aux armes. Cependant, l'Algérie a « tenu », grâce au labeur de ceux restés là-bas, grâce à l'ardeur des vieux, à la ténacité et au courage des femmes. L'Algérie a fait mieux que de tenir, au point de vue économique, elle a progressé !

Certes, il y a eu des heures difficiles, mais elles ont été surmontées. Difficiles ont été les années 1914 et 1915, où aux périls de l'heure présente, s'ajoutaient les affres d'une famine qui menaçait nos indigènes. Un discours de M. Lutaud, prononcé en 1916, montre toute l'étendue de cette douloureuse situation : « Mais quels mois rudes et pénibles il nous a fallu traverser, lorsque nos indigènes, dépourvus de toute nourriture, tendaient désespérément les bras vers nous !

Nous nous sommes efforcés d'organiser partout l'assistance par le travail. Il fallait remédier au chômage occasionné par l'arrêt de la plupart des chantiers de travaux publics et des exploitations industrielles et minières.

L'ouverture de petits chantiers, les avances faites aux communes au moyen de prélèvements sur le fond de réserve, ont permis de conjurer bien difficilement cette crise de chômage.

D'un autre côté, nos administrateurs et nos maires ont reçu mission de faire de larges distributions de céréales et de semences. Nos sociétés de prévoyance indigènes, si solides et si souples à la fois, ont ouvert leurs écluses toutes grandes, et justifié une fois de plus l'éloge qui leur a été tant de fois décerné dans le passé. Les surfaces ensemencées par les indigènes sont, dans l'ensemble, égales aux surfaces antérieurement cultivées. Une année pluvieuse a fait fructifier tant d'efforts ; mais il sera écrit que, jusqu'au bout, nous aurons à compter avec la fatalité. Voici qu'une invasion de sauterelles d'une intensité inconnue jusqu'à ce jour, inonde les territoires du Nord et du Sud ; et des orages de grêle viennent d'anéantir, dans la province de Constantine, les plus légitimes espérances.

Malgré ce retour d'adversité, nous espérons atteindre un rendement de 10 millions de quintaux pour les blés, dont une partie importante est réservée, d'ores et déjà, à l'alimentation de la métropole. Cette quantité sera dépassée pour les orges ; les avoines sont également abondantes. Nous serons donc en mesure de parer à notre approvisionnement, et les difficultés que nous avons traversées cette année, difficultés que les chambres de commerce nous ont aidé à aplanir, nous seront vraisemblablement épargnées.

Quant aux colons européens, ils ont été, de leur côté, atteints, et ont subi des pertes très sensibles. Les agrumes, les primeurs d'hiver et de printemps ont été avilis, en dépit de nos efforts et des recherches de débouchés nouveaux accomplies par des missions spéciales. »

Malgré ces circonstances si défavorables, l'Algérie a pu tourner le cap et vogue vers des cieux plus cléments. L'agriculture, entravée par la rareté de la main-d'œuvre, a, néanmoins, donné de bons résultats ; le commerce, malgré la restriction de ses débouchés, a pu faire face aux multiples besoins de la population algérienne et seconder celle de la métropole. L'union de tous permit de surmonter la crise : « Nous avons recherché d'autres palliatifs dans l'octroi de permissions agricoles, dans le rétablissement du crédit bancaire, dans la découverte des moyens de transports maritimes plus fréquents, plus réguliers et plus économiques, dans la suspension du monopole de pavillon, dans la régularisation du ravitaillement, dans l'organisation de la vente du bétail, des fruits et primeurs, du crin végétal, de l'alfa, de nos produits miniers, dans la fourniture des sucres, etc., etc... Nous avons poursuivi nos efforts, qui ont été suivis de fortunes diverses, et dont la portée n'a pas toujours été bien saisie, sous l'inspiration d'une pensée dominante : c'est que les intérêts de la métropole et ceux de la colonie étaient toujours étroitement solidaires et jamais antagonistes, que l'Algérie était appelée à jouer dans la vie économique de la France un rôle de plus en plus marquant. Nous espérons, avant la fin des hostilités, produire une autre démonstration. Nous établirons que les marchés français peuvent et doivent s'ouvrir plus largement aux produits algériens ; que la France peut et doit industrialiser sur son propre territoire un plus grand nombre de produits agricoles ou miniers jusqu'à ce jour transformés à l'étranger. Du rôle d'enfant attaché au sein de sa mère, l'Algérie peut accéder aujourd'hui à celui de nourrice.

Un syndicat de primeuristes, parti un jour un peu à l'aventure, a découvert des régions inconnues, qui n'étaient autres que l'Ouest de la France... Espérons qu'il finira par les conquérir.

Pourquoi la France, ou même l'Algérie, ne transformerait-elle pas les alfas ? Pourquoi l'Algérie ne livrerait-elle pas, conformément au programme vigoureusement tracé par M. Alfred Massé, les viandes frigorifiées que fournit l'Amérique ?

En matière forestière, nous avons fait d'agréables constatations. Les importations de bois bruts ou équarris et de merrain sont tombées de 140.943 tonnes en 1913, à 71.080 tonnes en 1914 et à 25.000 tonnes en 1915. Nécessité fait loi. De courageux industriels ont construit ou agrandi des scieries, entrepris l'exploitation de coupes en forêt et conjuré la crise. Aujourd'hui, la Colonie s'alimente elle-même de caisses de dattes, de raisins, de tonneaux de pommes de terre, de piquets de vigne, de traverses de chemin de fer, de poteaux télégraphiques, de bois d'œuvre pour lesquels elle était tributaire de l'étranger. Aujourd'hui, l'essor est donné : il subsistera après la guerre, si nous parvenons à atténuer l'obstacle résultant de l'élévation des tarifs de transport.

Le charbon de bois, qui ne s'exportait qu'en quantités infimes avant la guerre, est parti pour la France jusqu'à concurrence de 149.000 quintaux. Il en a été de même pour les écorces à tan dont la France s'est vue privée et que l'Algérie a aussitôt tirées de ses forêts.

Quels heureux exemples, et quels précédents à retenir ! »

La question des viandes frigorifiées a, depuis que ces lignes étaient écrites, fait de notables progrès. Une industrie nouvelle est née en Algérie, en 1917. Cette possession pourra fournir à la métropole la totalité des viandes de mouton congelées dont la fourniture est prévue pour les colonies. Le département d'Alger est possesseur d'une usine spéciale, d'une valeur de 1.500.000 francs, grâce à un arrangement avec une société privée. Sous peu, les deux autres départements posséderont un outillage similaire. D'autres initiatives viendront seconder cette œuvre au sujet de laquelle le gouvernement pouvait faire les importantes déclarations suivantes :

« La chaleur estivale est vaincue ; le cours de la viande est régularisé ; l'élevage ovin recevra le maximum d'encouragement ; tous les sous-produits seront transformés et utilisés sur place ; les primeurs, les fruits, le poisson, le gibier, le beurre, les fromages bénéficieront des avantages de cette création.

Par une autre combinaison également ingénieuse, l'industrie du lavage des laines, portant sur la totalité de la production algérienne, est créée. De là à l'introduction de toutes les industries dérivant de la laine, il n'y aura qu'un pas, et de hardis novateurs pourront le franchir. »

Tous ces efforts n'ont pas été vains. L'Algérie a vu son mouvement commercial global dépasser celui antérieur à la guerre. Il n'y a guère de fait qui montre d'une façon plus évidente, ce que peut l'énergie française. En effet, le mouvement global du commerce algérien a été, en 1916, de 1.291 millions, en augmentation de 177 millions sur celui de 1915, de 296 millions sur celui de 1914 et de 116 millions sur la moyenne quinquennale antérieure.

Ces chiffres comprennent les marchandises de transit en augmentation de plus de 2 millions, résultat du décret du 2 mai 1915, qui a organisé le transit intégral à destination du Maroc et dont l'application a été particulièrement favorable aux cotonnades anglaises et le mouvement des entrepôts.

Le commerce spécial a été le suivant :

Importations......................	534 millions
Exportations.......	626 —
Total.......	1.160 millions

Ce chiffre est supérieur de 154 millions et de 261 millions à ceux de 1915 et de 1914. D'après les renseignements de l'Administration des douanes, les importations ont augmenté sur les tissus, les vêtements, les lingeries et les colis postaux ; les exportations sur les vins, l'orge, l'avoine, les phosphates et les minerais.

La valeur totale du trafic commercial en Algérie pour 1916 est actuellement — et ceci est le plus bel éloge que pouvait mériter ceux qui ont lutté là-bas pour la guerre économique — remontée au point culminant qu'elle avait atteint en 1913, à savoir 1.168.000 francs.

En France, la valeur des importations a dépassé de 10 milliards celle des exportations ; en Algérie, c'est, pour la plus grande prospérité de la colonie, le contraire qui s'est produit, la somme des ventes ayant excédé d'un sixième celle des achats. Le rapport des exportations d'Algérie en France est passé de 68 à 79 p. 100, montrant ainsi les ressources chaque jour plus grandes que la métropole tire de la possession. Certes, la proportion des achats faits par l'Algérie chez nous est en baisse, passant de 82 à 73 p. 100, la cause en est aux événements actuels. Il y a lieu d'ailleurs de remarquer que l'Algérie demande à l'étranger certains produits que notre industrie ne peut pas, actuellement, lui fournir.

Tunisie. — Le développement économique de la Régence de Tunis a revêtu depuis notre intervention un caractère très pratique et très rapide: c'est par bonds étonnants que le commerce du Protectoral a progressé depuis le traité du Bardo. L'expérience algérienne avait porté ses fruits : plus de tâtonnements, plus de mesures maladroites, on est allé tout de suite, en Tunisie, droit au but et on a voulu réaliser la mise en valeur d'un pays heureusement doué mais mal exploité. On a réussi dans l'œuvre entreprise. Deux chiffres indiqueront tout le chemin parcouru et la vitesse avec laquelle ce parcours a été effectué : la valeur totale du commerce de la Tunisie en 1880 était de 22.240.000 de francs ; en 1912, elle était de 310.949.188 de francs !

Comme sa voisine de l'Ouest, la Tunisie est essentiellement une contrée agricole, quoiqu'il soit juste de rappeler qu'avant notre venue, des industries locales étaient assez florissantes dans la Régence : celle des tapis à Kairouan, celle des poteries et des faïences, celle des cuirs à Tunis ; mais peu à peu, ces industries tombaient en désuétude. Depuis, on s'est efforcé de les faire revivre.

Par le labeur des colons français, un vignoble remarquable a été créé de toute pièce; en 1892, sa superficie était de 7.140 hectares donnant 95.000 hectolitres! en 1913 cette superficie avait atteint 17.942 hectares produisant 300.000 hectolitres ! La culture des céréales a, sous notre impulsion, fait également de grands progrès; alors qu'au début même du Protectorat, nous n'avions trouvé que 600.000 hectares de terres labourées, on compte actuellement 1.100.000 hectares, dont 100.000 labourées par les Français. « Au moment de l'avènement du Protectorat, a déclaré M. Alapetite, la production céréalière de la Régence pour la moyenne des cinq premières années, était d'environ 1.900.000 hectolitres. Aujourd'hui la production céréalière des Français seuls atteint ce chiffre et, pendant ce temps, la production indigène s'est élevée de 1.900.000 hectolitres à 5 millions d'hectolitres, moyenne des cinq dernières années. » La richesse de la Tunisie, en oliviers, est proverbiale, c'est la grande culture indigène, en 1913 on comptait 17.772.199 oliviers dans les différents caïdats de la Tunisie. Les caïdats dans lesquels cette culture est la plus développée sont ceux de Sfax, Mahdia, Sousse et du cap Bon qui renferment plus d'un million d'oliviers.

Le Sud-Tunisien avant de se transformer en pays de la soif « bled-el-ateuf » voit, éparses, de nombreuses oasis verdir de distance en distance l'or fauve de ses sables. Les principales oasis sont celles de Gabès, du Nefzaoua et du Djérid. Le dattier est le revenu de ces îlots de verdure; en Tunisie, on estime leur nombre à 96.000 dattiers de glas, et à 2.012.000 dattiers communs; dans leur ombre protectrice poussent les grenadiers, les amandiers, les pruniers, l'orge, le maïs, les piments et les tomates. Depuis quelques années la perforation de puits artésiens accroît l'étendue des palmeraies.

La culture des jardins où se produit une notable partie des denrées maraîchères a, aux environs des grandes villes, au cap Bon plus spécialement, une extension chaque année plus considérable.

Basée sur les mêmes principes qu'en France, la culture du tabac donne d'heureux résultats : la superficie cultivée en tabac était, en 1898, de 31 hectares, de 56 hectares en 1909, et de 101 hectares en 1912. L'alfa n'a pas encore atteint le développement que l'on est en droit d'attendre et ne produit que 193.195 tonnes.

L'élevage n'est pas encore parvenu, en Tunisie, au développement qu'il doit atteindre. L'attention des colons français a plutôt porté, jusqu'à ce jour, sur la culture, et leurs fermes ne comprennent généralement que des animaux de travail. Quant aux indigènes, un grand nombre d'entre eux vivent presque exclusivement de l'élevage, mais ils le pratiquent d'une manière très primitive et l'administration éprouve les plus grandes difficultés pour les amener à constituer des réserves fourragères, à construire des abris, à prendre pour leurs troupeaux des mesures de prophylaxie contre les épidémies ou les maladies endémiques.

L'état du cheptel actuel est d'environ 200.000 têtes de bovins, 800.000 têtes de brebis et 200.000 de béliers, moutons ou agneaux de plus de six mois. La production en viande de boucherie du cheptel bovin n'est pas en règle générale inférieure aux besoins de la consommation locale; d'après la moyenne décennale, l'excédent des exportations sur les importations est d'environ 2.300 têtes.

En ce qui concerne les ovins, la Tunisie est à

même d'exporter, sur la production de son cheptel, environ 50 à 60.000 têtes qui sont à peu près exclusivement dirigées sur la métropole.

Il n'existe pas en Tunisie d'installation frigorifique.

A différentes reprises des initiatives privées ont été sollicitées par cette industrie, mais aucun de ces projets n'a encore abouti.

L'exportation de la viande frigorifiée ne suffirait pas à elle seule pour alimenter une usine frigorifique. Pour qu'un établissement de cette nature puisse donner la légitime rémunération des capitaux qu'exige son installation, il faut qu'il travaille non seulement en vue de l'exportation mais aussi pour l'alimentation locale.

Il doit en outre ne pas se limiter à la frigorification de la viande. Les chances de réussite augmentent en effet si, aux éléments de vitalité qu'assurent l'exportation et la consommation locale en viande de boucherie, viennent s'ajouter les bénéfices que peut procurer la conservation du poisson, de la volaille, des légumes, des fruits et des produits de l'industrie laitière.

La création d'une usine dans les conditions qui viennent d'être exposées servirait à la fois les intérêts de la Tunisie et ceux de la Métropole.

Elle aurait en effet pour conséquence de développer dans la Régence l'élevage du mouton en assurant au producteur un débouché régulier. Elle permettrait, d'autre part, de faciliter le ravitaillement de la métropole qui n'aurait plus à redouter les dangers de contamination que présente l'importation d'animaux vivants.

En outre, l'installation d'une usine frigorifique serait de nature à favoriser l'industrie de la pêche, dont le développement est actuellement entravé par les difficultés inhérentes à la conservation des produits ; mais pour que la métropole puisse profiter des nouvelles ressources qui résulteraient de l'extension des pêcheries, il serait nécessaire qu'elle modifiât son régime douanier.

La production de la pêche tunisienne est en moyenne de 45.000 quintaux. Sur cette production une moyenne annuelle de 22.600 quintaux est exportée, dont la France ne reçoit que 2.600 quintaux contre 20.000 qui vont à l'étranger et surtout en Italie. Cette particularité est la conséquence du tarif douanier appliqué aux produits de la pêche tunisienne. Ce tarif n'accorde la franchise qu'aux produits des pêches pratiquées par des bateaux immatriculés dans un port français. Quant aux produits des pêcheries fixes (pêcheries des lacs et thonaires), qui sont les plus intéressants tant au point de vue de la quantité que de la qualité, ils sont passibles des droits du tarif minimum (20 francs par 100 kilos).

Aussi longtemps que subsisteront des tarifs aussi prohibitifs, les produits de la pêche tunisienne continueront d'aller à l'étranger et ils ne peuvent contribuer au ravitaillement de la métropole que si le gouvernement français se décide à les admettre au bénéfice du régime de faveur, comportant la franchise d'importation, qui a été inauguré pour d'autres produits tunisiens par la loi du 19 juillet 1890.

On sait avec quelle rapidité la prospérité de la Tunisie a été heureusement influencée par la mise en exploitation de nombreuses mines et notamment de riches gisements de phosphates. La production minière tunisienne pendant la période qui a suivi l'occupation a été résumée ainsi par M. de Lanessan :

	Tonnes			Francs
Minerais de zinc........	549.231	d'une valeur de :		71.318.000
Minerais de plomb.....	471.616	—	—	68.466.000
Minerais de fer.........	2.983.490	—	—	39.427.000
Minerais de cuivre......	3.600	—	—	1.800.000
Minerais de manganèse..	2.300	—	—	115.000
Phosphates de chaux....	15.884.000	—	—	318.322.000
Total....				529.178.500

A un tel développement devait correspondre un accroissement continu du mouvement commercial. C'est ce qui n'a pas manqué de se produire. En 1882, le chiffre du commerce général représentait 33.000.000 francs dont 15.600.000 pour les importations et 17.400.000 francs pour les exportations, en 1904 ce même commerce atteint 160.215.000 francs dont 76.831.000 francs pour les exportations et 83.384.437 francs pour les importations. En 1912, nous constatons, non sans orgueil, que le commerce général de la Régence atteint le chiffre de 310.948.000 francs, soit 154.688.000 francs pour les exportations et 156.293.000 francs pour les importations.

Les Pouvoirs publics et la Commission consultative ont multiplié leurs efforts pour doter la Régence de l'outillage économique adéquat à ses transactions commerciales et à son développement agricole et industriel. La guerre actuelle a montré que Bizerte était une excellente base maritime. Quant aux ports de Tunis, de Sousse et de Sfax, ils ont vu se construire des bassins nouveaux, des quais supplémentaires. En matière de chemins de fer, on peut remarquer que, à part la ligne de la Medjerdah, établie par la France avant la naissance du Protectorat, tout un réseau de voies ferrées mesurant 2.000 kilomètres en chiffres ronds, aura en quelques années été créé par l'une des colonies françaises les plus petites et les moins riches, sans subvention, ni garantie de la Métropole. On ne pourra manquer d'être frappé de la grandeur de l'œuvre entreprise et réalisée.

La guerre porta, durant les premiers mois, un coup sensible à la Régence. Les mêmes causes, qui avaient atteint l'Algérie, agissaient en Tunisie : récoltes déficitaires de 1914, absence brusque des transports maritimes, raréfaction de la main-d'œuvre. La mobilisation des Français arrêta la presque totalité des exploitations minières; heureusement que, pendant de longs mois encore, l'élément italien permit de conserver une partie de la main-d'œuvre européenne, mais les têtes d'entreprises n'étaient plus là. Les femmes de nos colons continuèrent l'œuvre de nos mobilisés, et « l'arrière tunisien » s'organisa peu à peu et le courant fut remonté, les difficultés vaincues.

Tout d'abord il a fallu lutter contre la famine et le chômage qui sévissaient dans le peuplement indigène. Dans ce but, le Protectorat a fait en 1915 d'importants prêts de semences et de subsistances aux indigènes. Les prêts de semences, par exemple, ont été de 1.271 quintaux de fèves, de 123.741 quintaux de blé et 91.474 quintaux d'orge.

Pendant tout l'hiver le gouvernement a nourri en moyenne 600.000 indigènes et a distribué à cet effet 48.369 quintaux d'orge et 96.616 quintaux de maïs. L'administration des Habous a créé des fourneaux économiques destinés à procurer des aliments aux indigènes pauvres de Tunis.

L'exploitation des mines a été encore plus atteinte que l'agriculture du fait de la guerre, car en Tunisie, dans les mines exploitées, les ingénieurs, les chefs mineurs et les géomètres sont des Européens et, en général, des Français. On comprend quel trouble a apporté la mobilisation dans les centres miniers tunisiens. Malgré cela, on remarque depuis 1915 de très réels efforts en vue de maintenir la production minière à un étiage normal, efforts que nous devons reconnaître comme couronnés de succès. Par suite des besoins de la Défense nationale, les mines de plomb et de zinc ont dû surmonter les difficultés présentes, afin d'envoyer du minerai en France, et le nombre des exploitations concédées a dépassé les chiffres précédents. Le tableau ci-après permet de se rendre compte que, malgré un déficit de rendement indéniable, le tonnage exporté a atteint des chiffres intéressants.

Années	Nombre de mines concédées	Tonnage exporté annuellement Zinc		Plomb	Valeur totale en milliers de frs.
1892	3	2.300			310,0
1900	14	22.200	tonnes	6.300	3.634,0
1905	37	33.500	—	25.000	9.217,0
1910	43	32.500	—	37.000	9.700,0
1911	45	32.151	—	38.275	10.480,0
1912	46	37.400	—	51.300	11.331,0
1913	46	28.627	—	59.446	12.378,0
1914	49	16.800	—	39.105	8.148,0
1915	49	4.550	—	21.320	6.773,0

Les mines de fer sont arrivées à obtenir en 1915 une production de 297.134 tonnes représentant 5.051.278 francs contre 529.170 tonnes en 1914 d'une valeur de 7.108.380 francs et contre 574.199 tonnes, chiffre maximum d'une valeur de 7.427.487 francs en 1913. En ce qui concerne les phosphates, nous remarquons que, dès 1915, on est parvenu à maintenir une production qui était tombée de 2.071.772 tonnes valant 45.522.334 francs en 1913 à 1.338.229 tonnes valant 13.029.267 francs en 1914, au chiffre de 1.170.033 tonnes représentant 26.910.789 francs.

Par les chiffres précités, on voit que la Tunisie a subi une véritable crise. Néanmoins le moment critique est passé, elle voit s'équilibrer maintenant ses budgets, son mouvement commercial loin de se cristalliser dans une réserve prudente, cherche à prendre un nouvel essor, qui ne pourra être réellement fécond qu'après la guerre. Nous croyons intéressant d'indiquer que, comme en Algérie, les chiffres des exportations sont en augmentation sur ceux des importations, c'est là l'indice d'une vitalité pleine d'heureuses prémisses.

En 1915, le commerce général de la Tunisie a atteint la somme de 232.783.178 francs, inférieure de 6.327.797 francs aux résultats de 1914. Ce chiffre se divise ainsi qu'il suit :

Importations 107.246.504 francs, inférieures de 25.241.330 francs sur l'année 1914.
Exportations 125.536.674 francs, en augmentation de 18.913.533 francs sur l'année 1914.

En 1916, ce même commerce général a atteint 253.050.262 francs, dont 134.255.316 francs à l'importation et 118.794.946 francs à l'exportation. Les chiffres du commerce général de 1916 ont donc été de 20.267.084 francs supérieurs à ceux de 1915.

Cette augmentation est due aux plus-values sur les animaux vivants, les produits et dépouilles d'animaux et les céréales.

Il faut noter qu'en 1915 les importations de France en Tunisie ont été de 48 millions et les exportations de Tunisie en France de plus de 62 millions. Les plus gros chiffres d'exportations tunisiennes pour la France ont été atteints par les avoines (10 millions et demi), les phosphates (7 millions), les huiles d'olives (6 millions et demi) les ovins (5.700.000 francs), l'orge (5 millions) et le froment (4 millions et demi).

Il ressort de ces diverses données de statistique que la Tunisie a élevé dès 1915 ses exportations au-dessus du chiffre de 1914. « Elle le doit, déclare un rapport officiel, au fait que la récolte des céréales a été bonne et qu'elle a pu faire subsister ses exploitations de minerais et de phosphates. »

*
* *

Maroc. — Le caractère très pratique et très rapide du développement du Maroc français est encore plus nettement accentué que pour la Tunisie. Casablanca peut égaler en rapidité de croissance les villes champignons transatlantiques : en 1907, 900 Européens habitaient la ville, en 1914, 30.000 Européens y demeuraient !

De nombreux écrivains ont signalé les richesses diverses que renferme le Protectorat chérifien. Dans cet empire, d'excellentes terres produisent du blé, des orges, nourrissent un important cheptel, et bientôt, aux produits que donnent les cultures de ces contrées s'ajouteront ceux d'un riche sous-sol encore inexploité.

Le Maroc est devenu français de par le traité franco-allemand du 4 novembre 1911, mais depuis plusieurs années de hardis pionniers déjà préparaient l'œuvre française au Morgreb. Depuis la signature du traité de protectorat, c'est-à-dire trois années avant la guerre, notre action économique a réalisé de véritables prodiges. Or, les questions économiques constituent l'essence même de notre occupation. Aussi la mise en valeur d'une terre qui prête aux plus riches espérances, et pour la possession de laquelle nous n'avons pas hésité à accomplir les plus durs sacrifices a-t-elle été tout de suite la première préoccupation du Résident général et de ses collaborateurs dès leur entrée en fonctions.

Cette œuvre est vaste, diverse dans ses aspects, mais unifiée dans son but, à savoir le réveil d'un peuple endormi à l'ombre chaude de l'Islam. C'est à cet éveil d'un monde, que s'est attaché le général Lyautey. Nous aurions voulu montrer une fois encore combien féconde a été l'œuvre française au Maroc. Mais nous ne pouvons faire ici qu'un examen forcément restreint et incomplet.

Les *ports du Maroc* présentent cette particularité, qu'ils sont naturellement très peu nombreux, le littoral atlantique ne possédant ni rades ni abris, et que leur accès est rendu difficile par suite d'ondulations qui déferlent le long de l'Océan et forment des barres très violentes les jours de gros temps. En hiver, les navires sont souvent obligés de faire un séjour plus ou moins long au large attendant un moment favorable pour le débarquement qui ne peut s'effectuer que par barques.

Avant notre Protectorat, le port de Tanger avait été aménagé par une compagnie allemande. Une entreprise française avait établi un appontement à Saffi, détruit depuis par une tempête, et effectué quelques travaux dans le port de Casablanca. En somme tout était à faire.

Dès 1912, on entrevit très bien que la question des ports se présentait comme une des plus urgentes, la difficulté d'accès des ports marocains et leur défaut d'aménagements, même rudimentaires, rendant tout trafic impossible.

Malheureusement, nos disponibilités financières étaient des plus réduites. Pour les travaux des ports le Protectorat disposait :

1° De la taxe spéciale de 2.50 p. 100 *ad valorem* perçue sur les importations des cinq ports de Rabat, Mehdia, Saffi, Mazagan et Mogador et affectée à leur aménagement en vertu de l'article 66 de l'Acte d'Algésiras ;

2° De crédits budgétaires fort restreints ;

3° De prélèvements sur l'emprunt de 1910 ;

4° Des revenus de l'administration chérifienne des Postes, Télégraphes et Téléphones ;

5° Des sommes versées à titre d'indemnité de guerre par les tribus marocaines.

Plutôt que d'éparpiller les sommes ainsi réalisées, sur les différents ports, on résolut, tout en observant l'article 66 de l'Acte d'Algésiras visé plus haut, de les concentrer sur le port de Casablanca qui, par sa position commerciale et sa population, paraissait être la meilleure base d'un trafic important.

Avant l'établissement du Protectorat, des travaux importants avaient été exécutés à Casablanca. Moyennant un prix forfaitaire de 2.700.000 francs la Compagnie Marocaine, dès 1907, s'était engagée vis-à-vis du Maghzen à construire un port à barcasses. Les travaux étaient commencés quand, en 1908, se posa la question de savoir s'il ne serait pas préférable d'utiliser la somme forfaitaire fixée, à l'amorcement de la construction d'un grand port.

C'est ainsi qu'après l'achèvement des quais et terre-pleins, en 1909, la nouvelle jetée fut commencée. Les travaux prirent fin en 1911.

Cette grande jetée dont la longueur ne dépassait pas 350 mètres fut, à ce moment-là, très discutée. Certains nièrent même son utilité disant qu'elle rendait l'accostage des barcasses beaucoup plus difficile qu'auparavant.

Quoi qu'il en soit, le commerce du port de Casablanca était passé à 63 millions en 1912. Les travaux effectués n'étaient donc pas complètement inutiles. Le mouvement d'immigration s'accentuait.

Pour donner satisfaction aux désirs exprimés par les commerçants, le Protectorat, réunissant quelques crédits, commença en 1912 la construction d'un épi perpendiculaire à la grande jetée pour former un abri pour les barcasses.

Néanmoins, on s'apercevait très bien que, pour une ville devenue la métropole commerciale du Maroc, les travaux entrepris étaient plus qu'insignifiants.

Une commission nommée par le Ministre des Affaires étrangères et composée de compétences des ponts et chaussées, de la marine et du commerce, déposait le 11 mars 1913 un rapport d'après lequel il fallait envisager une dépense d'une quarantaine de millions pour établir au Maroc un port accessible aux navires de commerce.

Le Protectorat résolut de consacrer cette somme au port de Casablanca et d'adjuger les travaux avant même le vote de l'emprunt.

On a beaucoup discuté cette mesure, certains

regrettant que Casablanca ait été l'objet d'une sollicitude exclusive au détriment des autres ports. Sur ce sujet, il convient de remarquer que pour tout pays, il est à peu près démontré, que la concentration du trafic dans un ou deux grands ports donne le meilleur résultat commercial, et qu'il vaut mieux consacrer des crédits d'aménagement déterminés à un seul port, plutôt que de les partager, même inégalement, entre tous. Il était inutile de tomber au Maroc dans la même erreur que celle commise en France à ce point de vue et dont on aperçoit à présent toute l'étendue. D'autre part, puisqu'on devait trouver sur tout autre point de la côte les mêmes difficultés d'établissement, mieux valait consacrer toute la dépense à Casablanca qui, par sa situation économique, politique et géographique, répondait à toutes les nécessités.

Ce port méritait bien cette faveur si l'on en juge par le tableau suivant des importations et exportations qui y ont été effectuées en 1911, 1912 et 1913 :

	Importations	Exportations	Total
	francs	francs	francs
1911...................	22.163.000	19.752.000	41.916.000
1912...................	40.181.000	23.084.000	63.265.000
1913...................	69.404.000	9.967.000 (1)	79.371.000

Nous rappellerons seulement que la dépense prévue par la loi d'emprunt est de 50 millions et

1. Ce chiffre des exportations de 1913, qui nous a été communiqué par le service économique de la Résidence, paraît incomplet.

qu'elle comporte la construction d'un grand port en eau profonde et d'un petit port intérieur pour abriter les bâtiments de servitude, barcasses, allèges et remorqueurs qui feront les transbordements entre les navires mouillés dans l'avant-port et les quais intérieurs. Ultérieurement, des quais en eau profonde seront établis dans le port pour permettre l'accostage des grands navires.

Casablanca sera donc le grand port du Maroc, le point d'attache des lignes régulières avec la France et peut-être le point d'escale des lignes vers le Sénégal, le Sud-Afrique et le Sud-Amérique.

Si tous les efforts du Protectorat ont été portés sur Casablanca, il reste entendu que ce port ne saurait être le seul du Maroc. Dans l'avenir, quand l'outillage économique en voie d'exécution aura donné ses fruits, les autres petits ports installés dans les quelques abris naturels de la côte de l'Atlantique auront eux aussi leur place dans le trafic commercial. Il est donc nécessaire de les mettre en état de desservir un commerce régional et notamment l'exportation des produits locaux; d'autant plus que le réseau de chemin de fer sera pendant longtemps encore, trop peu développé au Maroc pour permettre de ramener tout le trafic, malgré la distance, à un port unique.

Les ressources indispensables pour faire face aux dépenses engagées, le Protectorat les trouve à la Caisse spéciale des Travaux publics alimentée par la taxe de 2 1/2 p. 100 perçue en vertu de l'Acte d'Algésiras sur les marchandises importées.

A Mogador et à Mazagan on a commencé la construction de petits ports munis de quais accostables destinés à abriter les barcasses et remorqueurs.

A Safi où les conditions sont plus difficiles, on a prévu la construction d'un wharf.

Le port de Kenitra a attiré plus spécialement l'attention du Protectorat, parce qu'il est à peu près le seul de la côte à permettre l'accès des bateaux calant 3 mètres à 3 m. 20. La barre de Mehedya peut être franchie par les navires de 1.200 tonnes, deux cent cinquante jours par an. C'est par Kenitra qu'ont été effectuées en 1911, 1912 et 1913 les opérations de ravitaillement des troupes opérant dans les régions de Meknès et de Fez. Aussi le Protectorat envisage-t-il l'octroi d'une concession englobant les deux ports de Kenitra et de Rabat, qui se trouvent tous les deux dans les mêmes conditions naturelles, et permettant d'exécuter des travaux s'élevant à environ 20 millions; ces travaux seront destinés à améliorer le chenal en rivière et à permettre l'accès de bateaux d'un tirant d'eau de 5 à 6 mètres. L'entreprise comportant de nombreux aléas peut devenir extrêmement coûteuse si le choix des concessionnaires n'est pas fait avec la plus grande prudence.

Il est probable que la construction d'un port assez important dans le Sud, formant le pendant de Kenitra dans le Nord, s'imposera quand les progrès de la pacification le permettront et amèneront une certaine activité commerciale dans le Sous.

Ce port du Sud pourrait être Agadir, qui, actuellement, se trouve dans une zone incomplètement pacifiée, le Sous n'étant pas définitivement ouvert encore à la pénétration française.

Signalons, en dernier lieu, à titre d'indication, le port de Fedhala créé par l'industrie privée sans aucune subvention ni garantie d'intérêt du gouvernement.

En 1912 et 1913, le commerce total des ports du Maroc, autres que Casablanca, a été le suivant :

Ports.	1912 Francs	1913 Francs.
Kenitra	»	1.580.000
Rabat	13.537.000	25.082.000
Mazagan	25.276.000	25.207.000
Safti	28.586.000	21.459.000
Mogador	19.900.000	21.955.000

Les routes. — On ne saurait donner le nom de routes aux pistes chérifiennes, d'une largeur variable, atteignant souvent trente mètres, mais qui, boueuses, défoncées, aucunement empierrées, ne peuvent être que d'une utilité relative pour un trafic moderne.

Dès la période d'occupation, là où les routes même rudimentaires n'ont pu être établies faute d'argent, les anciennes pistes ont été aménagées par nos troupes pour permettre le passage des convois par charrettes et la circulation rapide des arabas postales. On a ainsi établi des routes militaires dont l'aménagement sommaire ne pouvait donner à ces ouvrages un caractère définitif. Le génie avait seulement construit deux ponts : le pont Blondin, bâti en bois et sur pilotis, traversant l'Oued Meffilikh près de Fedhala, et le pont suspendu de Mechra-ben-Abbou, situé à mi-chemin entre Casablanca et Marrakech. De nombreux ponts de bateaux avaient été construits sur d'autres points.

Le Protectorat marocain entrevit la nécessité d'un réseau de routes qui puisse répondre aux nécessités nouvelles du trafic et relier les villes côtières entre elles et avec les villes de l'intérieur comme Fez, Meknès, Marrakech. La dépense est évaluée à 26 millions de francs payable sur l'emprunt. En réalité les routes suivront les anciennes pistes empierrées différemment, suivant qu'il s'agira de terrains sablonneux ou argileux. Les routes ne doivent pas dépasser 8 mètres de large.

Il serait vain d'épiloguer ici sur le projet de tracés de routes qui, au cours même de son exécution, pourra être modifié suivant les nécessités nouvelles qui apparaîtront. Ce qu'il faut demander, c'est que les dépenses effectivement engagées, soient contrôlées autrement qu'à *posteriori* et préparées par des études préalables des terrains.

Pour les années 1912 et 1913 il est difficile de juger les travaux de routes effectués qui furent peu importants. Constatons seulement que 19 kilomètres de routes étaient construites de Casablanca vers Rabat et qu'une section de 22 kilomètres, à partir de Rabat vers Casablanca, a été adjugée le 13 novembre 1913[1].

1. Actuellement la route Rabat-Casablanca est achevée.

Les chemins de fer. — La question des chemins de fer, au Maroc, jusqu'à la guerre actuelle, a été exclusivement dominée par la correspondance annexée au traité franco-allemand du 4 novembre 1911, où il était expressivement spécifié que la mise en adjudication du chemin de fer de Tanger à Fez ne serait pas primée par la mise en adjudication d'aucun autre chemin de fer marocain. Le traité franco-espagnol du 27 novembre 1912 réalisait l'accord pour la construction de la ligne Tanger-Fez.

Ces deux conventions nous obligeaient à n'entreprendre aucune construction de ligne de chemin de fer tant que ne serait pas commencée la ligne Tanger-Fez.

Se trouvant lié par une servitude dont l'Allemagne, en nous l'imposant, avait su faire une entrave à notre développement économique, le Protectorat ne put apporter qu'une très faible activité à la question des chemins de fer.

Aussi durant les années 1912 et 1913 :

1° les lignes construites ont été seulement des lignes stratégiques ;

2° lors du projet d'emprunt, sauf un crédit d'études de 500.000 fr., aucun crédit ne fut prévu pour la construction des chemins de fer.

Ce sont ces deux caractéristiques que nous allons brièvement développer.

. Pour les besoins de notre armée et au fur et à mesure de notre occupation, des lignes (type Decauville), à écartement de 0 m. 60 furent construites par le génie militaire.

Dans les années 1912 et 1913, on comptait deux lignes principales :

D'une part le chemin de fer stratégique de Sali à Dar-Bel-Hamri passant par Kénitra, qui fut poussé à Meknès et à Fez en 1914 ;

D'autre part le chemin de fer de Rabat à Casablanca et de Casablanca à Ber-Rechid, qui depuis a atteint (vers Marrakech) Caïd Tounsi et (vers Kasbah Tadla) Ouled Abdoun.

Il ne pouvait être question pour ces sortes de lignes tracées le long d'anciennes pistes dont elles suivaient toutes les pentes et les sinuosités que de transports exclusivement militaires. Du reste, lorsque certaines infractions à cette exclusivité, furent constatées au profit de quelques colons français, les protestations diplomatiques ne manquèrent pas de s'élever. Avant la guerre, on avait envisagé la possibilité d'ouvrir les chemins de fer stratégiques au transport des voyageurs de toutes nationalités afin d'éviter toute protestation d'une puissance étrangère. Mais en dehors des difficultés de transport c'eût été nier en même temps le caractère stratégique exclusif qui nous avait été reconnu sur ces lignes. Actuellement la question ne présente plus les mêmes subtilités parce qu'elle ne rencontre plus le même antagonisme. Le Protectorat reste à peu près seul juge du meilleur emploi des voies de 0 m. 60.

Après l'accord franco-espagnol du 27 novembre 1912, une Commission nommée par les gouvernements intéressés arrêta les caractéristiques à observer dans la construction du Tanger-Fez. Il fut notamment décidé que le gabarit de la voie devait être de 1 m. 44. Dès la fin de 1913 la Compagnie générale du Maroc poursuivait les opérations d'études sur le terrain du tracé futur de la ligne.

D'un autre côté nous ne perdions pas de vue que si nous nous trouvions liés par l'engagement du 4 novembre 1911, il était néanmoins nécessaire de préparer notre futur réseau marocain. A cet effet, le Parlement, lors du vote de l'emprunt de 1913, spécifiait l'urgence de la question par le vote d'un crédit d'études de 500.000 francs à titre d'indication.

Nous rappelons que les lignes prévues étaient les suivantes :

Une ligne de Casablanca à Marrakech ;

Une ligne de Fez à Taza et à la frontière algérienne ;

Une ligne de Sidi-Kassem à Kenitra, Rabat et Casablanca ;

Une ligne de Kenitra à Souk-el-Arba, rejoignant la ligne Tanger-Fez.

Depuis, pour continuation d'études, il a été demandé en 1916 au Parlement, un crédit complémentaire de 1.000.000 de francs.

Quelles conséquences la guerre va-t-elle avoir sur le développement du rail au Maroc ?

Nous avons vu plus haut qu'on songe déjà à utiliser nos lignes stratégiques. L'accord du 4 novembre 1911 devient inexistant, ce qui permet au Protectorat de reprendre toute sa liberté d'action pour l'établissement et l'exploitation de lignes commerciales sans se préoccuper de l'achèvement du Tanger-Fez. Pour cette dernière ligne nous restons liés néanmoins par l'accord franco-espagnol de 1912.

Il est hors de doute que la disparition de l'entrave allemande va singulièrement activer les travaux d'établissement des chemins de fer marocains.

La guerre atteignait le Maroc alors qu'il n'était qu'un vaste chantier et que les armes françaises n'avaient pas conquis la totalité des terres chérifiennes soumises à notre Protectorat. Le chantier n'a pas été fermé, loin de là, les constructions se sont élevées plus nombreuses et plus solides que jamais. Ce sera une des gloires de notre histoire coloniale que le récit de la mise en valeur, en pleine guerre, en face de peuplades fanatisées par une propagande effrénée de la part de nos ennemis, du Maroc français.

Le général Lyautey a fait du développement économique du Protectorat comme le réduit même de la défense du Maroc. Il a compris que le vrai facteur d'ordre et de paix, dans ces populations où le sentiment national n'est pas encore dégagé du simple instinct de race, c'est de faire régner le calme et la prospérité. Le calme, les mesures militaires l'assurent; la prospérité, elle allait naître du développement intensif de l'œuvre commencée avant la guerre.

Parallèlement à l'action militaire, le Protectorat fit, en effet, dès août 1914, tous ses efforts pour accroître la mise en valeur de l'empire chérifien. Des mesures ont été prises pendant la guerre pour obtenir le but que M. René Moulin définissait en ces termes : « Développer le Maroc, aménager l'édifice, faire sortir le joyau de sa gangue. » C'est ainsi que, malgré les difficultés nées de la rareté des transports maritimes, malgré le départ des colons et des industriels français mobilisés, malgré les appels en faveur du recrutement militaire indigène ou des engagements au titre de travailleurs coloniaux, l'essor économique n'a pas été entravé. Des zones nouvelles ont été ouvertes à la civilisation, des voies ferrées et des routes ont été percées et construites. Le mouvement même de l'émigration européenne a été considérable : en 1915, 12.102 personnes ont débarqué dans le seul port de Casablanca. Sur ce chiffre 3.524 venaient pour la première fois au Maroc, et devaient être considérées comme ayant augmenté d'autant la population de la colonie. La statistique relève parmi elles 1.980 Français, 677 Espagnols, 423 Italiens, 99 Anglais, 57 Algériens et le reste de nationalités diverses.

Une Exposition qui eut un plein succès fut ouverte en 1915 à Casablanca, destinée à faciliter au commerce français la conquête au détriment du commerce austro-allemand, du marché marocain. A Rabat, à Fez, à Marrakech, à Meknès, à Safi ont été créés des marchés d'échantillons où sont démontrées de façon permanente les commodités qu'offrent aux indigènes les produits français. En octobre 1916 s'ouvrait la foire de Fez, en septembre 1917 celle de Rabat qui a pleinement réussi. Ainsi la prospérité économique du Maroc grandit et s'affirme; n'est-ce point, comme autrefois, la foire du Lendit qui rendit Paris aussi célèbre que Beaucaire.

Pour pouvoir se rendre compte des heureux résultats de la politique économique du Protectorat pendant les hostilités, il y a lieu d'examiner ce que, dans une étude publiée par le *Bulletin de l'Afrique Française*, M. Charles Mourey appelle « cette forme de l'activité économique d'un pays qui se laisse le plus facilement évaluer en chiffres », le commerce extérieur. Les chiffres suivants prouvent que, quoique le développement normal de ce commerce ait été, en 1914 et en 1915, gêné par les restrictions à la sortie de France de maint produit fabriqué et par les interdictions de sortie du Maroc des céréales, des peaux, des animaux vivants, des laines, le mouvement des échanges est resté égal à celui d'avant la guerre.

Tableau du mouvement général du commerce du Protectorat de 1913 à 1915.

(Y compris le commerce avec l'Algérie par terre.)

Années	Importations	Exportations	Totaux
1913..................	181.426.943	40.180.291	221.607.234
1914..................	132.938.200	31.011.437	163.999.637
1915..................	180.132.786	55.817.459	235.950.245

Ce tableau montre, phénomène économique que l'on peut constater pour l'Algérie et pour la Tunisie, que les exportations ont dépassé les chiffres des exportations avant la guerre. C'est là un excellent indice. Les augmentations des exportations ont porté sur les orges (1.360.611 francs en 1913, 35.343 francs en 1914 et 43.309.799 francs en 1915), sur les blés (73.952 francs en 1913, 1.065.408 francs en 1914 et 5.922.528 francs en 1915), sur les œufs de volailles (3.753.456 fr. en 1913, 1.618.690 fr. en 1914 et 5.023.535 francs en 1915).

Quant aux importations la guerre a entraîné certaines diminutions. M. Charles Mourey donne, après avoir indiqué ces dernières, les renseignements suivants : « Par contre on constatera avec satisfaction que les articles destinés surtout aux indigènes ont mieux résisté; les tissus de coton, les bougies ont même eu augmentation. Quant au sucre et au thé, les chiffres de l'importation demeurent égaux ou supérieurs à ceux de 1911, (36.815 tonnes pour le sucre et 1.988 tonnes pour le thé) à ceux de 1912 (43.362 tonnes pour le sucre et 2.580 tonnes pour le thé). » En 1915, nous comptions 58.036 tonnes pour le sucre et 2.481 tonnes pour le thé.

CHAPITRE VII

LES RÉFORMES QUI S'IMPOSENT

Par la façon remarquable dont nos colonies nord-africaines ont « tenu » économiquement parlant pendant la guerre et dont elles ont, après un premier mouvement d'arrêt fort compréhensible, réagi contre les difficultés présentes, il nous est permis de formuler les plus belles espérances pour l'après-guerre. Nous devons et pouvons attendre beaucoup de ces possessions pour hâter l'œuvre de relèvement de l'après-guerre, infiniment plus même que le grand public se l'imagine. Mais, avant d'examiner cette utilisation rationnelle des richesses nord-africaines au profit de la Métropole et du développement de ces contrées, il y a lieu de signaler certaines « pailles » qui se trouvent dans l'organisme économique du Morgreb français, notamment en Algérie. Ces « pailles » nous devons les enlever sans délai.

Nous avons déjà indiqué qu'avant la guerre régnait en Algérie un certain malaise que d'aucuns dénommaient avec quelque emphase la crise algérienne. Cet état maladif n'était en substance qu'une crise de croissance, l'enfant grandissait trop vite et ses effets, en l'espèce l'organisation administrative, n'allaient plus à sa taille, il fallait couper, tailler, élargir. Or si l'on veut, et c'est là plus qu'une obligation, demander au lendemain des hostilités à l'Algérie un rendement maximum, il est nécessaire que l'on supprime ces « pailles » qui viennent entraver la marche en avant.

En matière économique l'Algérie est incontestablement gênée dans son essor par la législation actuelle. Le public de la Colonie ne cesse avec raison de protester contre les lenteurs des formalités administratives que nécessitent l'obtention des concessions minières, la formation de Compagnies de chemins de fer, etc. L'espèce qui a concrétisé aux yeux des Algériens l'insuffisance de leur « Charte », c'est l'affaire de l'Ouenza. Sans vouloir faire ici l'historique de cette question, on peut signaler la déception qu'éprouve toute une partie de l'Algérie de ne pouvoir, dès à présent, tirer tous les bénéfices directs ou indirects de l'exploitation du massif minier de l'Ouenza.

Depuis plus de neuf ans, la question est en suspens. Il a fallu d'abord une instruction à la Préfecture de Constantine, puis une seconde instruction au Gouvernement général. Ensuite il y a eu discussion aux Délégations financières. Le projet ayant été envoyé à Paris, il y a eu quatre ou cinq instructions nouvelles, au Ministère des Travaux publics, au Conseil d'État, à la Commission des Travaux publics de la Chambre. Puis, trois fois, la discussion du projet a été demandée à la

Chambre et trois fois elle a été ajournée. Et quand ce projet a été voté à la Chambre, il a fallu qu'il passe au Sénat.

Lorsque l'on évalue les pertes pécuniaires que causent ces retards, l'on arrive sans exagération à une somme de 8 à 16 millions. Devant ce chiffre et, en présence des nombreuses concessions minières également encore inexploitées par défaut d'autorisation légale, le mouvement protestataire algérien paraît légitime.

C'est l'ancienne province de Constantine, centre minier de l'Algérie, qui a ressenti, la première, l'insuffisance de la loi de 1900. C'est, en effet, la région minière par excellence de la Colonie, sa prospérité dépend en grande partie de la mise en valeur de divers et nombreux gisements miniers qui abondent dans son sous-sol. Or, ce qui se passe en grand pour l'Ouenza se répète pour les petites demandes de concessions minières. Les déceptions des prospecteurs et des sociétés minières sont d'autant plus vives qu'ils peuvent voir à quelques kilomètres de leurs mines, en Tunisie, des gisements de même nature être déjà en plein rendement. En Tunisie, en effet, les choses vont plus vite. Une demande de concession est-elle formulée? Le Directeur des Travaux publics tunisiens fait étudier l'affaire par le service compétent et établit un projet. La Conférence consultative discute ce projet et l'approuve. Le Ministre des Affaires étrangères en est saisi pour approbation et pour engager les responsabilités du Gouvernement français, le Parlement reste libre d'intervenir ; les formalités s'effectuent rapidement, en quelques mois. Pour comparer ce qui se passe en Algérie et ce qui se produit en Tunisie, il existe un exemple typique, celui des gisements de phosphates de Sfeta el Hameloum : ces mines sont situées à cheval sur la frontière algéro-tunisienne et furent découvertes en 1902. Du côté tunisien, toutes les formalités furent rapidement menées et la mine est en complète exploitation depuis 1908 ; du côté algérien, la concession en 1911 n'était pas même encore accordée.

Les réclamations des colons et des industriels constantinois eurent un écho considérable parmi la population européenne de Bône, qui voit le trafic et l'accroissement de son port arrêtés par suite de la non-construction du chemin de fer de l'Ouenza et qui ne peut profiter de la mise en valeur de tout l'hinterland de l'Est algérien. L'Algérie entière demande l'élargissement de ce qu'elle nomme sa « constitution », c'est-à-dire de la loi du 13 décembre 1900. La colonie sait qu'elle a besoin de toutes ses ressources pour lutter sur le terrain économique avec ses voisins. « A l'Est, la Tunisie continue à disposer de ses ressources naturelles et à perfectionner tous les ans son outillage économique ; à l'Ouest, le Maroc s'organise sur les mêmes bases offrant un terrain d'action facile à l'esprit d'entreprise français.

« Au milieu, l'Algérie végétera, les solutions seront infiniment retardées et la vie économique ankylosée [1]. » Pour permettre à la Colonie de ne pas être écartée par ses jeunes sœurs nord-africaines, il semble nécessaire de donner aux Assemblées locales le droit de statuer directement sur les demandes de concessions de mines, de chemins de fer et autres travaux publics qui ne réclament de la Métropole ni subvention, ni garanties d'intérêt général. Cette manière de voir a été défendue à la tribune de la Chambre par M. Millerand, alors Ministre des Travaux publics. « Il semble au gouvernement qu'il serait à la fois logique et sage, puisque la Métropole s'est retiré le droit d'imposer à l'Algérie un chemin de fer dont elle ne voudrait pas, il serait, dis-je, logique que, lorsque l'Algérie à ses risques et périls, sans vous demander ni subvention, ni garanties d'intérêt, veut, pour servir à ce qu'elle considère comme son intérêt propre, concéder un chemin de fer, il lui fût permis de le faire librement. » En un mot l'Algérie se considère assez grande pour gérer elle-même ses affaires. Elle ne veut plus, suivant le mot de M. Réjou, conseiller municipal de Constantine, « être dans la position d'une ménagère qui, pour faire sa lessive, doit la demander à Paris ».

C'est sur cette question essentiellement pratique que s'est engagée la campagne en faveur de l'extension des libertés politiques algériennes. Portée ainsi sur le terrain économique, cette campagne ne pouvait d'ailleurs que rallier tous les suffrages. La question fut agitée aux Délégations financières

1. *Dépêche Algérienne*, 10 décembre 1911.

et, en décembre 1911, la *Dépêche Algérienne*, organe très répandu en Algérie, publia un vibrant appel : « Nous demandons à l'opinion algérienne de se manifester sur une question qui contient en puissance tous les éléments les plus vitaux de l'essor économique et de la prospérité de l'Algérie. Et si notre appel est entendu, si les arguments que nous comptons produire ont bien toute la valeur démonstrative, toute la force d'irrésistible conviction que nous leur sentons, il faut que les corps constitués, les Chambres de commerce, les associations patronales et ouvrières, les syndicats urbains et ruraux, poussés par la même pensée de défendre les intérêts supérieurs de l'Algérie, viennent à notre thèse pour y amener à leur suite les pouvoirs publics et le législateur. »

La guerre n'a apporté aucun changement à cet état de chose, bien plus, la question économique algérienne s'est aggravée de l'irritant problème, dont la solution a été également toujours différée, des transports maritimes, qui a causé la grande crise de 1911-1912. Le commerce algérien se plaint de n'avoir pas assez de bateaux et du taux trop élevé des frets ; les armateurs se lamentent sur l'exiguïté des ports algériens. Le monopole du pavillon a été une cause, sinon de déchéance certaine, du moins d'apathie de la part des Compagnies privilégiées qui avaient reçu des subventions postales et qui assurent le trafic algéro-métropolitain. La place nous manque pour rappeler combien lourdement pèsent les entraves nées de la mauvaise volonté des Compagnies de navigation à suivre les progrès de la vie économique de l'Algérie.

Nous ne discuterons pas l'inopérante mesure prise en pleine crise par les Compagnies en question de dénoncer définitivement leurs contrats, car comme le disait M. Lutaud : « Ces contrats, elles ne les exécutaient, d'ailleurs, que par voie de tacite reconduction, mais il semblait bien qu'elles eussent le devoir moral de les maintenir jusqu'à l'approbation prochaine d'un cahier des charges en vue d'une adjudication nouvelle. »

Et le gouverneur général analysait ainsi, au cours de ce même discours, les conséquences du triste état des relations maritimes algériennes :

« Cette mesure déchaîna contre les compagnies un mouvement de réprobation, dont plusieurs Chambres de commerce et M. le Ministre de la Marine lui-même se firent les interprètes. Les compagnies consentirent alors à proroger les conventions en cours par voie de tacite reconduction, mais pour une durée de trois mois seulement, renouvelable jusqu'à la fin de la guerre. Cette tacite reconduction peut être dénoncée deux mois à l'avance, ce qui revient à dire que, dans un délai maximum de deux mois après la cessation des hostilités, l'Algérie est exposée à se trouver privée de toute communication régulière avec le continent et qu'elle sera livrée, pour le transport des voyageurs et des marchandises, à la loi pure et simple de l'offre et de la demande contenue dans les limites du monopole du pavillon. En période normale, cette hypothèse serait déjà inquiétante, mais qu'en penser si elle se réalise immédiatement après la guerre, à l'époque où une notable partie de la flotte mondiale aura disparu, où aucune reconstruction, aucune réparation de chaudières n'aura pu être faite, et où la marine méditerranéenne sera à bout de souffle?

En même temps que cette dénonciation des contrats postaux, nos chargeurs apprenaient : 1° que le débarquement des vins à Rouen devenait impossible par l'encombrement excessif de ce port; 2° que les navires, après débarquement de leur cargaison, étaient successivement réquisitionnés par le Ministre de la marine; 3° que le retour des fûts était par là devenu impossible; 4° que le tarif de transport des vins, commun entre les chemins de fer de Paris-Lyon-Méditerranée et les compagnies de navigation, était dénoncé à l'instigation de ces dernières.

A tant de maux, il nous est apparu que les principaux remèdes à opposer étaient : 1° l'application des articles 111 à 116 du cahier des charges, permettant l'acquisition, à dire d'experts, de la flotte des compagnies subventionnées; cette acquisition ne pouvait être justifiée que pour des besoins de guerre, mais elle n'excluait pas accessoirement les transports commerciaux. Les navires ainsi achetés restaient après la guerre la propriété de l'État; 2° la suspension du monopole du pavillon. »

Les Pouvoirs publics se sont émus de cette situation. Mais avec cette absence de décision ferme, ce manque d'esprit d'audace, qui nous caractérise lorsqu'il s'agit de questions économiques, on a suspendu provisoirement pendant la durée de la guerre le monopole du pavillon (décret du 31 mai 1915), mais non définitivement. Naturellement, le fait que c'est là une mesure provisoire, a rendu modestes les conséquences de cette réforme.

La grande question de la création d'une flotte algérienne est encore à l'étude. Pour remplacer le régime actuel, on ne peut que se retourner vers l'État : le public qui, en France, se désintéresse de plus en plus des questions maritimes, n'apporterait pas de capitaux à une entreprise privée. Il faut créer une flotte reliant les réseaux ferrés de la Métropole à ceux de l'Afrique du Nord, construite avec les ressources des budgets national et colonial et administrée et gérée soit par l'État, soit par un consortium de compagnies de chemins de fer (projet Broussais), soit par des compagnies de chemins de fer séparées. On sait que la Compagnie du Midi a proposé d'assurer les transports sur une section distincte du réseau maritime algéro-métro-politain.

Il est grand temps de préparer l'avenir de l'Al-gérie. La question des transports maritimes est capitale ; si elle n'est pas solutionnée, tous les autres efforts faits dans la mise en valeur seront vains. N'oublions pas que les chantiers allemands construisent, que ceux d'Angleterre et d'Amérique sont en pleine activité et que les nôtres sont frappés de mort, alors que, un par un, les navires de commerce français s'enfoncent héroïquement sous les eaux, torpillés par la piraterie germanique.

La question des transports maritimes se pose avec la même acuité en Tunisie ; dans la Régence, les exportations de minerais, notamment de phosphates, sont mal assurées. Il importe, pour le futur développement de ce protectorat, que des relations fréquentes et relativement bon marché soient établies entre la Métropole et lui. Au Maroc, les autorités locales viennent de prendre une très heureuse mesure : la création d'une flotte commerciale chérifienne. Il faut espérer que cette création ne restera pas figée sur le papier, qu'elle prendra corps. Rien n'empêche aussi de concevoir l'ouverture de chantiers de constructions maritimes au Maroc.

Le régime douanier de l'Afrique du Nord est actuellement illogique, autant de contrées, autant de régimes. Régime métropolitain en Algérie, c'est-à-dire celui de 1892 ; régime tunisien des décrets de 1898 pour la Régence, et système international marocain pour le Protectorat chérifien, tel qu'il a été établi par la Conférence de Madrid en 1880, par la Conférence d'Algésiras et par la Convention franco-allemande du 4 novembre 1911. Il est temps de supprimer cette « paille » de la vie économique de l'Afrique du Nord, il est inadmissible que dans des terres similaires, des productions soient soumises à trois régimes douaniers différents. Si on veut faire œuvre utile et coordonnée, la première chose à faire serait d'unifier ou, tout au moins, de rendre cohérent le régime douanier de l'Afrique du Nord sur les principes nouveaux qui doivent dominer la matière.

---

rents. Si on veut faire œuvre utile et coordonnée, la première chose à faire serait d'unifier ou, tout au moins, de rendre cohérent le régime douanier de l'Afrique du Nord sur les principes nouveaux qui doivent dominer la matière.

CHAPITRE IX

L'ŒUVRE DE DEMAIN

L'Afrique du Nord a montré, durant la guerre, une grande résistance économique. Il est temps de prévoir l'après-guerre. Nous avons donné le meilleur de nous-mêmes, des alliés se sont rangés à nos côtés, pour nous aider à supporter le poids de la lutte; après nous être sacrifiés il faut, dans l'intérêt même de l'avenir de notre pays, songer au lendemain. Ainsi que l'a écrit dans une récente étude, M. le sénateur Lucien Hubert : « La reconstitution sera une œuvre de longue haleine. Semblable au riche propriétaire qui aurait dépensé sans compter, la France devra, sous peine de courir à des catastrophes financières, restreindre son train de vie et utiliser dans la plus large limite, sa terre et les produits de sa terre. »

Notre domaine, ce n'est pas seulement le sol fécond de la vieille Gaule, auquel il faudra demander, par une intensive culture, une production toujours plus abondante, mais encore les terres à demi-vierges de nos « Nouvelles Frances », qui doivent nous envoyer leurs multiples produits agricoles. Nous devons donc subsister autant que possible sur nos terres. « Obligé de vivre sur ses propres ressources, ajoute M. Hubert, notre pays ne pourrait se relever assez vite. Aidée, secondée par les multiples richesses de ses terres lointaines, la France pourra, en ne faisant appel à l'étranger que dans le minimum de cas possibles, reprendre plus facilement la lutte économique. Si les bras lui manquent, la main-d'œuvre coloniale viendra suppléer à cette crise. Puisque l'or ne doit pas sortir inutilement du pays, pourquoi aller acheter à l'extérieur le fer, le cuivre, les phosphates, la houille, le nickel, que nous pouvons trouver chez nous. Pourquoi acheter tant de blé américain, alors que nous pouvons augmenter la production du blé nord-africain. »

Un vaste champ de travail doit se créer dans l'Afrique du Nord. Il est nécessaire d'entreprendre sans tarder cette œuvre sacrée. Tout d'abord, il faut chercher par tous les moyens à développer d'une façon intensive les relations commerciales entre la France et ses colonies de l'Afrique du Nord. Il faut, autant que possible, que le marché nord-africain soit un marché français. Déjà, par suite des erreurs du début, par suite de la non-compréhension de la nature de la lutte, par suite de la mobilisation excessive des éléments producteurs, le commerce français en Algérie a rétrogradé en faveur du commerce étranger. Il y a là un fait grave, au sujet duquel il faut, dès maintenant, faire attention et rechercher les moyens d'y pallier.

« Cette constatation, écrivait à ce sujet M. Lulaud, résulte du déplacement qui s'est manifesté au bénéfice de l'étranger dans les importations des produits que nous demandions antérieurement à l'industrie nationale. La reprise du terrain ainsi perdu sera l'un des plus pressants problèmes de l'après-guerre. »

C'est au profit de la Grande-Bretagne et de l'Espagne. qu'a eu lieu ce déplacement et également au profit de l'Italie et des États-Unis, ainsi qu'en témoigne le tableau ci-contre, donné par le *Bulletin de l'Afrique Française* :

Puissances	Du 1er juillet 1913 au 30 juin 1914		Du 1er juillet 1914 au 30 juin 1915		Du 1er juillet 1915 au 30 juin 1916	
	Valeur des Importations (milliers fr.)	Pourcentage	Valeur des Importations	Pourcentage	Valeur des Importations	Pourcentage
Angleterre .	824	1	2.169	2	19.380	19
Espagne....	1.102	1	4.043	5	6.845	7
Italie.......	92	»	219	1	3.229	3
États-Unis .	1	»	470	»	2.289	2
Autres pays.	860	1	1.635	2	2.172	2
		3		10		33
France.....	104.936	97	72.733	90	69.950	67
		100		100		100

Au Maroc, l'Espagne a vu ses importations de 1913 à 1916 plus que doubler. Elle importe surtout des fruits secs, des vins et des huiles. Il apparaît que le commerce français pourrait substituer ses produits aux vins et aux huiles espagnols. Depuis la guerre, l'Espagne est devenue subitement, au Maroc, importatrice de gobeleterie et de tissus de laine..Il est de toute évidence, ici, que nos voisins vendent au Maroc des produits allemands camouflés du sombrero espagnol. Les chiffres suivants en montrent l'évidence :

Année.	Pays d'origine.	Gobeleterie.	Tissus de laine.
1913	Allemagne................	169.892 fr.	1.386.927
	Espagne..................	936 —	3.459
1914	Allemagne..............	81.227 —	537.552
	Espagne.................	1.914 —	9.884
1915	Allemagne.............	» —	»
	Espagne..................	202.633 —	963.110

Nos commerçants et nos industriels doivent donc au Maroc comme en Algérie et en Tunisie, s'efforcer de maintenir leurs positions et même exercer de justes reprises économiques. Le tableau ci-après en prouve la nécessité :

Tableau du commerce total avec les principaux pays (la France exceptée).

	1913	1914	1915
Angleterre..	36.688.394 frs.	31.876.710 frs.	52.195.858 frs
Espagne...	8.386.560 —	5.531.384 —	9.137.354 —
Égypte.....	37.358 —	142.245 —	6.632.414 —
Pays-Bas..	3.273.510 —	2.151.591 —	4.191.394 —
Italie....	4.273.829 —	2.222.650 —	2.262.414 —

Parmi les reprises à signaler, il y a lieu de noter les biscuits, sirops et confitures dont la vente est monopolisée par l'Angleterre, et qui devrait tenter notre industrie. L'Angleterre a vendu en 1915 346.849 francs de biscuits, 472.144 francs de sirops et 325.892 francs de confitures. De même pour les papiers et cartons qui, avant la guerre étaient importés d'Allemagne et qui le sont actuellement par l'Espagne et les Pays-Bas.

Nos Chambres de commerce métropolitaines doivent, dès maintenant, attirer l'attention de leurs adhérents sur les débouchés qu'offrent la complète mise en valeur de la Tunisie. Un seul exemple entre tous, nous permettra, sans entrer dans de plus grands détails, d'indiquer ce que l'on pourrait faire en faveur du marché industriel français pour utiliser les produits de notre possession tunisienne au lieu d'aller porter en Suède ou ailleurs notre or si précieux chez nous. Un des principaux produits agricoles de la Régence est l'alfa, l'alfa que l'on trouve dans toutes les régions quelque peu désertiques de Tunisie. Or la presque totalité de l'alfa produit, est envoyé en Angleterre. En 1913, il en a été exporté en totalité 493.195 quintaux dont 439.949 quintaux en Grande-Bretagne où ils sont transformés en papier et 47.164 à destination de la métropole. Nous pourrions également importer en Tunisie maints produits qui arrivent dans la Régence venant de l'étranger, (6.700.000 francs de tissus de coton d'Angleterre, 2.955.000 francs de tissu de coton d'Italie, 821.000 francs de soies grèges d'Italie, 1.015.000 fr. de machines et mécaniques d'Angleterre).

Nous avons, au cours de notre ouvrage sur *la guerre économique dans nos colonies*[1], rappelé combien urgente était l'œuvre à accomplir par nos commerçants et nos industriels, pour occuper en Afrique du Nord la place laissée vacante par le commerce austro-allemand. Cette place représente en 1913 un chiffre d'affaires de près de 60 millions de francs. Des efforts ont été réalisés dans

1. La guerre économique dans nos colonies. Félix Alcan, Éditeur.

ce sens, des conférences ont été données, des catalogues dressés, des expositions ouvertes. Nous espérons que ce mouvement persévérera et atteindra les couches profondes du commerce français.

Au point de vue économique, notre premier soin pour réaliser l'œuvre de demain doit être de maintenir le mouvement des échanges franco-nord-africains au niveau de ce qu'il était avant la guerre, et d'augmenter chaque jour notre action en chassant de ses places commerciales, le commerce ennemi, en réduisant le commerce neutre, suspect à plus d'un titre, et en concurrençant loyalement les efforts de nos alliés.

Au moment où nous écrivions ces lignes, nous apprenions que M. Maginot, Ministre des colonies, réunissait à l'École coloniale une Conférence coloniale chargée d'étudier les moyens d'intensifier la mise en valeur de nos possessions et de les faire contribuer de plus en plus au ravitaillement de la métropole et à l'approvisionnement de nos industries. Tout un plan est à mettre sur pied en cette matière, l'œuvre est vaste et à la mener à bonne fin, le Ministre des colonies et la Conférence précitée rendront un grand service au pays tout entier, à la Métropole et aux Colonies.

Envisager comment l'Afrique du Nord peut contribuer au ravitaillement métropolitain et à l'approvisionnement de nos industries serait intéressant à analyser. La place nous manque. Mais il nous a paru utile d'indiquer que les Pouvoirs publics, les assemblées locales, les initiatives privées doivent tendre tous leurs efforts à industrialiser l'Afrique du Nord française.

L'Afrique du Nord ne doit pas être seulement un pays agricole, elle doit devenir un pays industirel. Tout concorde, du reste, à cette évolution, l'industrie nord-africaine déjà en formation, ne peut que s'amplifier après la guerre. L'Afrique du Nord possède les matières premières, elle doit les traiter sur place. L'Afrique du Nord, par un de ces retours étranges des circonstances, voit, en ce moment même, se constituer ce qui lui manquait totalement, une main-d'œuvre indigène éduquée, venue des usines de guerre de France et que la Métropole renvoie ou renverra toute prête à entrer dans les usines nord-africaines. Les forces motrices, nous les trouverons dans les importations de houilles étrangères, dans les chutes d'eau des montagnes kabyles et surtout de l'Atlas marocain. L'éducation professionnelle des jeunes musulmans nous procurera les cadres futurs de contremaîtres et de spécialistes demandés.

Il y a, dans l'industrialisation de l'Afrique du Nord, des promesses magnifiques de développement économique. Nous avons déjà signalé quel intérêt l'Algérie aurait à voir s'implanter chez elle l'industrie de la laine, laine tirée de son riche cheptel ovin, et les possibilités que donne à ce sujet l'apparition de l'industrie frigorifique. Nous avons également rappelé que la Tunisie exporte la totalité de ses alfas en Angleterre; croit-on que l'on ne peut pas établir avec cette production des alfas tunisiens, algériens et marocains une prospère industrie du papier. En présence de ces multiples et riches mines de fer, de cuivre, de zinc, des hauts fourneaux ne doivent-ils pas dresser vers le ciel nord-africain leurs cheminées évocatrices de richesses? Déjà, la société des phosphates de Constantine, exploitant le gisement de Djebel Kouif, à quelques lieues du gisement de l'Ouenza, construit des hauts fourneaux pour traiter sur place le minerai. Ces hauts fourneaux seront alimentés par du charbon de bois que les forêts algériennes produisent en quantité largement suffisante.

Dans un avenir prochain, on peut espérer voir la culture du coton précéder en Afrique du Nord l'industrie cotonnière. Les essais sont concluants, il ne manque qu'un peu d'audace. Avec les produits des forêts nord-africaines on pourra fabriquer des essences et des goudrons très recherchés par l'industrie.

M. Lutaud a saisi déjà ce tournant heureux de la vie économique de l'Afrique du Nord et a créé un Conseil d'action économique : « Et nous dirons quelques mots ici de la rénovation industrielle qui s'annonce. Heureux prodromes que nous saluons avec autant de joie que de surprise. Certes, nous pensions que les ressources agricoles, minières, forestières, alfatières dont l'Algérie regorge pourraient être transformées sur son propre sol, qu'on pourrait produire ici les papiers, les fontes, les textiles, les bois de construction, les sucres, les traverses de chemins de fer, jusqu'aux piquets de vigne pour lesquels nous étions tributaires de l'étranger et souvent des empires centraux. Mais l'activité des Algériens était orientée avec une telle passion du côté de l'agriculture, où elle fait merveille, que cette branche de l'activité humaine, la plus noble de toutes, paraissait devoir l'absorber longtemps encore. Et voici que, sous la pression des événements, les initiatives industrielles se dessinent de toutes parts. »

On conçoit quel levier puissant peut-être pour la Métropole une Afrique du Nord devenue une grande ruche au labeur fécond. Ce qui fait la richesse d'une nation, c'est l'ensemble des forces économiques des contrées diverses en leurs productions et en leur climat, diverses en leurs populations, mais unies en leurs aspirations. Au lendemain de la guerre nos aspirations se résumeront en cette formule ; relever les ruines et faire la Patrie plus grande encore. A cette œuvre de relèvement, l'Afrique du Nord peut avoir une part notable, nous avons vu qu'elle renfermait tout ce qui est nécessaire, qu'elle travaillait à augmenter sa production agricole et à amplifier son industrie encore en enfance. Nous savons qu'elle ne faillira pas à ce devoir sacré.

QUATRIÈME PARTIE

LES PROBLÈMES NOUVEAUX NÉS DE LA GUERRE

CHAPITRE X

NOTRE POLITIQUE MUSULMANE ET LES ENSEIGNEMENTS DE LA GUERRE

La guerre a mis en relief l'héroïsme de nos troupes indigènes : tirailleurs, spahis et gourmiers ont à leur actif maints exploits, et, là-bas, en Algérie, en Tunisie, dans les sables de Mauritanie, au Maroc même, innombrables ont été les preuves de loyalisme de nos sujets musulmans. Tels sont les faits qui honorent et ceux qui, chaque jour, sans vaine forfanterie, les accomplissent et ceux qui, par leurs tenaces et obscurs efforts, ont su inspirer un tel amour de notre Patrie à des populations qui nous ont été longtemps hostiles.

Devant les multiples marques d'attachement données en ces heures tragiques par nos sujets musulmans, ne sommes-nous pas en droit de nous demander si la France a indiqué, dès maintenant à ces nouveaux Français, combien elle était et sera reconnaissante de ce qu'ils font pour elle? Il faut éviter toute mesure qui, de la part de ces populations, pourrait être mal interprétée : « La grossièreté de la propagande allemande en pays musulman, écrivait le journal *Le Temps*, le 26 octobre dernier, ne doit pas nous laisser croire à sa vanité. »

A cette propagande turco-germaine, il est de toute nécessité de répondre. Les Pouvoirs publics sont-ils en possession des moyens et des armes destinés à lutter contre les sourdes, mais indéniables manœuvres anti-françaises dans les pays de l'Afrique du Nord? Nos gouvernants, nos administrateurs se sont-ils penchés vers le monde de l'Islam français pour s'efforcer de saisir les légitimes espoirs que formulent dans l'ombre des souks et sous les voûtes séculaires des medressahs saintes nos fidèles sujets? Ce sont là d'angoissantes questions. De leurs plus ou moins heureuses solutions dépend en grande partie notre avenir comme puissance musulmane.

Le problème est double, à la fois administratif et psychologique. Si l'on examine la question administrative, en effet, il est facile de reconnaître que des réformes doivent être effectuées dans les pays coraniques où, en Afrique, règne la paix française. L'Algérie, la Tunisie, le Maroc, le Sénégal, les territoires militaires de la Mauritanie, du Tchad, du

Chari sont pays musulmans. Or, ainsi qu'on le rappelait dernièrement à la Commission des affaires extérieures de la Chambre : « L'Islam tend à l'unité et il importe de ne pas laisser exploiter cette unité d'âme au bénéfice de l'ennemi. » Pour annihiler les influences nocives, nous devons, dans la conduite des populations musulmanes de l'Afrique française, nous efforcer d'adopter une politique homogène ; la moindre faiblesse serait immédiatement exploitée contre nous au profit de nos adversaires.

L'obligation de voir se constituer une direction unique de nos affaires africaines et se créer surtout une politique musulmane homogène, ne date pas de la guerre. Le 24 mars 1914, M. Messimy, ancien ministre des Colonies, proclamait, aux applaudissements de la Chambre, combien il était urgent de résoudre la question sans trop tarder : « Cette Afrique française, lorsque vous considérez une carte, elle vous paraît une. Elle ne l'est pas, car ces diverses parties de notre empire dépendent : l'Algérie, du Ministère de l'Intérieur ; la Tunisie et le Maroc, du Ministère des Affaires étrangères; l'Afrique occidentale et l'Afrique équatoriale, du Ministère des Colonies. Lorsque l'on veut appliquer des directions de politique générale à ce pays presque tout entier musulman et où toutes les choses se tiennent, les directions doivent venir de Paris. » Et l'orateur concluait par ces mots : « Faisons l'Afrique une. »

Ce qui était vrai quelque temps avant août 1914,

revêt un caractère d'impérieuse nécessité à la suite des événements actuels. Il serait enfantin de croire d'un effet nul le fetoua de guerre sainte lancé du haut des minarets de Stamboul. Le monde est secoué jusqu'en ses plus profondes assises et comment l'Islam français, si favorablement influencé qu'il soit pour nous, échapperait-il à la règle commune? On ne peut nier que certains éléments fâcheux ont cherché à profiter de cet état de choses, il y a eu des révoltes au Maroc, des troubles ont éclaté dans les confins du Sud tunisien, des mouvements séditieux en Algérie, et même dans les terres musulmanes de l'Afrique occidentale et équatoriale. Il y a eu surtout en Afrique du Nord une forte campagne d'hostilité faite par les agents allemands et turcs; dernièrement, M. René Moulin signalait aux lecteurs de la *Revue Hebdomadaire*, l'œuvre de propagande anti-française accomplie au Maroc, il énumérait les différents tracts hostiles rédigés par nos ennemis et les multiples procédés destinés à influencer l'esprit public de nos sujets musulmans. « N'exagérons pas le péril, ajoutait-il, que peut faire courir au Maroc la propagande allemande. Surtout ne le diminuons pas. Regardons plutôt ce qui se passe dans le Sud tunisien, en Tripolitaine, en Afghanistan, à Aden. Fortifions et élargissons l'organisme que nous avons créé pour en contrecarrer les effets. »

Comment obtenir ce résultat; il nous apparaît que la clé du problème peut se résumer en la formule administrative suivante : « Unifions notre politique musulmane dans l'Afrique Française. »

Il a été déposé, l'année dernière, par un groupe de parlementaires, un projet de résolution concernant la nomination à Paris, auprès, de la Commission des affaires musulmanes, de Conseillers musulmans. « La meilleure réponse à faire au panturquisme que les Austro-Allemands exploitent, c'est de faire au panislamisme sa place dans nos institutions politiques ». Or, à la base de toute innovation est la nécessité de coordonner les efforts et l'action de notre politique administrative et militaire, aussi bien sur les rives du Niger et du Tchad, qu'en Algérie, qu'en Tunisie et qu'au Maroc. Cette centralisation devra être essentiellement souple et large. Elle aura pour résultat, non une unification arbitraire et par là essentiellement nuisible, mais devra consister en une sorte de contrôle lointain et élégant, permettant, ce qui fait défaut, d'obtenir une vue synthétique des questions de l'Islam et de donner aussi, en toute connaissance de cause, des directives rationnelles dans cette matière à chacune de nos possessions. Les difficultés mêmes qui coexisteront entre les colonies intéressées, se compensant les unes les autres, réaliseront une union féconde entre toutes. A la dispersion des efforts actuellement constatée doit se substituer une coordination. En ce moment chacun des trois Ministères chargés de la gestion des intérêts musulmans ignore ce qui se fait chez l'un ou chez l'autre, des cloisons étanches empêchent toute fusion. Seul un organisme unique a été constitué : la Commission des affaires musulmanes; mais quel rôle a-t-elle dans la direction administrative de l'Afrique française? Mais, et cela doit être la directive de toute réforme faite dans ce sens, comme l'a écrit M. Lucien Hubert, sénateur et Président du Comité des affaises indigènes : « L'unité de vue dans la politique musulmane, n'implique pas uniformité ».

Nous rechercherons dans les pages suivantes sous quelle forme doit être, à notre sens, effectuée cette unité de vue. Ce qui domine, c'est que nous ne devons pas oublier un instant que la question musulmane est principale en Afrique du Nord et que la France est la seconde grande puissance islamique, fait ethnique que l'on a, hélas, trop tendance à oublier chez nous, quand on ne l'ignore pas.

Le problème de l'unification de notre politique vis-à-vis de l'Islam dépasse singulièrement le cadre d'une réforme administrative, c'est en même temps un problème psychologique. La guerre a modifié la mentalité de milliers et de milliers de nos sujets de l'Afrique du Nord et de l'Afrique Occidentale. « De l'avis des officiers qui les commandent au front depuis le mois d'août 1914, lorsque ces indigènes regagneront l'Algérie, la Tunisie et le Maroc, écrivait dans les colonnes de la *Revue Hebdomadaire* M. Charles Geniaux, leur mentalité sera devenue très différente par suite de leur contact intime, en France, avec la population

et les troupes métropolitaines. Ces rudes fils du
bled se sont enrichis de sentiments nouveaux.
D'instinctifs, un certain nombre sont devenus rai-
sonneurs, observateurs. Ils réagissent maintenant
contre leurs impulsions. Leur élite s'est affinée. »

Ce n'est pas en vain que les contingents algériens,
tunisiens et marocains auront vécu de la vie des
soldats français, passé de longs mois à l'arrière
dans des cantonnements installés dans nos
villages, traîné souvent d'hôpitaux en hôpitaux ;
ces hommes étaient partis en guerriers fidèles, ils
reviendront en soldats conscients de leur valeur et
de leurs droits. Pourrions nous un seul instant penser que nos mutilés indigènes seraient défavorisés
vis-à-vis de leurs glorieux camarades français ? Ils
doivent avoir les mêmes facilités de rééducation ;
la plupart, il est vrai, n'avaient aucun métier,
ils reviendront plus riches de connaissances diverses.

A l'armée des vaillants, il y a lieu de ne pas
omettre celle, toujours plus nombreuse, des travailleurs nord-africains répartis dans les usines de
guerre, dans nos arsenaux et poudreries, dans
nos campagnes comme ouvriers agricoles. Là
encore une évolution intense se produit dans la
mentalité de nos travailleurs. Il nous a été donné
à maintes reprises de constater cette évolution
parmi nos Nord-Africains, devenus par contrat
d'engagement, des travailleurs coloniaux[1]. Ils

1. M. Maurice Besson a été nommé, pour la durée de la
guerre, contrôleur de la main-d'œuvre nord-africaine.

apprennent tous à parler français et, dans la grande majorité, à faire des économies. Il y a lieu toutefois de distinguer les aptitudes très particulières des Marocains, leur bonne volonté et leurs facilités d'adaptation, l'intelligence vive et l'habileté des Tunisiens, l'endurance et l'esprit d'épargne du Kabyle et, hélas! l'apathie trop réelle dont font preuve les Arabes d'Algérie. Par leur contact direct avec nos ouvriers et notre civilisation, pour l'apprentissage du travail et la vue de nos grands centres usiniers, les contingents de travailleurs nord-africains auront franchi en quelques mois, une grande étape dans la voie du développement social. Ils reviendront chez eux avec la conscience nette de la force de notre civilisation, rompus à la discipline du travail et, pour un grand nombre, possesseurs d'un métier qu'ils pourront utiliser dans la colonie. A l'école d'aviation de Pau, plusieurs Tunisiens sont devenus chauffeurs d'autos et ont leur brevet, d'autres sont devenus aides-mécaniciens; dans maintes usines des Marocains sont devenus des « spécialistes », au salaire de 8, 9 et 10 francs par jour! Dans bien d'autres établissements industriels, les Nord-Africains se sont transformés en excellents ouvriers.

En même temps qu'ils s'adonnent à un métier, les travailleurs apprennent le français. C'est ainsi qu'au cours d'une tournée d'inspection à Rochefort-sur-Mer, nous avons entendu un lettré marocain lire en français à ses coreligionnaires, le voyage au Maroc de M. Pierre Loti. Les descriptions de

Fez intéressaient fort l'auditoire. Ce simple fait prouve combien a progressé la mentalité de tous les indigènes.

Démobilisés, ce seront des hommes nouveaux qui reviendront dans leurs douars et dans les villes africaines. Pourront-ils être traités comme auparavant, se plieront-ils en Algérie, par exemple aux rigueurs du Code de l'Indigénat ? Maintenir l'état de choses antérieur, c'est courir vers l'inconnu, c'est soulever des conflits dans l'âme de nos fidèles soldats, c'est heurter des concepts nouveaux, mais par cela même d'autant plus aimés. La sagesse biblique indique qu'il ne faut point mettre du vin nouveau dans des vieilles outres. Les indigènes nord-africains ont été trop profondément secoués, pour n'avoir pas été ébranlés jusqu'à leurs sentiments les plus intimes, l'Islam lui-même n'est plus l'ancien Islam, la Mecque a levé l'étendard de la révolte contre le régime turc, s'alliant aux Alliés, et les musulmans russes du Caucase, de l'Ukraine, de l'Oural viennent de secouer le joug du tsarisme et sont devenus de libres citoyens. La troisième République ne peut rester en arrière. Déjà pour l'Algérie, une loi du 15 juillet 1914 prévoyait de nombreuses exemptions au régime de l'indigénat ; devant la loyauté de nos sujets algériens il a fallu encore, et cela était faire œuvre de bonne politique indigène, en élargir les cadres. Tel a été l'objet d'un arrêté du Gouverneur général, en date du 3 janvier 1915, M. Lutaud, dans l'exposé des motifs de ce texte, après avoir rappelé l'effort réalisé par le peuplement indigène, déclare : « J'ai donc décidé d'élargir comme la loi m'en donne la faculté, les exemptions prévues en matière de contraventions spéciales à l'indigénat, notamment en faveur des indigènes qui ont contracté des engagements dans le corps des spahis auxiliaires, soit dans d'autres corps pour la durée de la guerre, et auxquels une interprétation rigoureuse du texte de l'article 5 pourrait conduire à refuser le bénéfice de l'exemption. J'ai également exempté des peines disciplinaires les membres des Djemaa et chefs de factions qui, sans recevoir aucune rétribution, sont appelés par leurs fonctions à concourir au maintien de la sécurité. Enfin, il m'a paru que les ouvriers indigènes, qui ont fait un séjour prolongé dans la métropole où ils ont joui de l'égalité complète de juridiction avec les Français, ne devaient pas à leur retour en Algérie retomber sous le régime exceptionnel des pouvoirs disciplinaires. » Ceci est bien, mais c'est sur des bases infiniment plus larges qu'il nous faut faire état des temps nouveaux. Le programme est large, il a été admirablement indiqué par M. Clemenceau, alors Président de la Commission sénatoriale des réformes algériennes, dans une lettre, qui sera comme le « cahier du tiers-état musulman » :

« Monsieur le Président du Conseil,

La commission des affaires étrangères du Sénat, en plein accord avec la commission des affaires extérieures de la Chambre des députés, et se prévalant des volontés formellement exprimées par les deux Chambres, a l'honneur de vous prier de faire aboutir sans délai les réformes qui visent la situation morale et matérielle des populations indigènes de l'Algérie.

Ces populations viennent d'affirmer une fois de plus avec éclat leur loyalisme et leur profond attachement à la France.

L'heure ne saurait être mieux choisie pour réaliser, par des actes précis et définitifs, les réformes dont les principes ont été votés par la Chambre des députés le 9 février 1914.

La commission prend la liberté, Monsieur le Président, de vous rappeler les points essentiels de ces réformes déjà mûrement étudiées depuis plusieurs années, toutes prêtes à l'heure actuelle.

En premier lieu, admission des indigènes à un régime nouveau de naturalisation n'impliquant pas la renonciation au statut personnel.

Extension du corps électoral indigène et garanties données pour la libre expression des volontés du corps électoral. Représentation indigène dans un conseil supérieur siégeant à Paris et destiné à renforcer le contrôle administratif et politique de l'Algérie.

Règles nouvelles précisant et garantissant efficacement les droits de la représentation indigène aux délégations financières, dans les conseils généraux et les conseils municipaux, en ce qui concerne la répartition des dépenses du budget colonial et des budgets locaux, et le contrôle de leur emploi.

En conséquence, incompatibilité des fonctions administratives avec les fonctions électives; participation des conseillers municipaux indigènes à l'élection des maires.

Réformes des impôts arabes.

Garanties nouvelles accordées à la propriété indigène.

Une politique indigène libérale et confiante, nettement et généreusement définie, est la seule qui puisse s'harmoniser avec les vues générales et les desseins de la politique française. Elle répond aux sentiments unanimes de notre pays qui souhaite l'épanouissement de toutes les forces vives de sa grande possession africaine par l'association des intérêts et le rapprochement des cœurs.

La mise en œuvre de cette politique doit rester la grande préoccupation constante des représentants de la France de l'Afrique du Nord.

Les vaillants soldats indigènes de nos pays de protectorat, comme les indigènes algériens, ont fait notre admiration sur les champs de bataille de l'Europe ; ils ont versé héroïquement leur sang, à côté des nôtres, pour le triomphe de la plus noble des causes. La commission ne sépare pas dans les manifestations de sa reconnaissance et de sa sollicitude les pays de protectorat de l'Algérie.

Elle demande au Gouvernement que satisfaction soit donnée à leurs plus légitimes aspirations dans un cordial esprit de fraternité.

Elle considère, d'ailleurs, comme un devoir d'étendre à tous les indigènes qui vivent à l'ombre de notre drapeau l'application progressive des principes de libéralisme et de justice qui sont l'honneur et la force de la France républicaine. »

On remarquera que dans cette lettre, il s'agit principalement des indigènes algériens, mais des réformes similaires doivent être envisagées pour tous les indigènes nord-africains.

Notre ami, M. Paul Bluysen, député de l'Inde française, écrivait dernièrement ces mots au sujet de l'extension de l'électorat indigène.

« Nous revenons à l'électorat indigène qui est la base de ce rapport. Nous insistons, dans notre note précédente sur l'électorat actuel, sur le passage relatif aux Djemaa. Il est, selon nous, tout à fait probant. Il montre que votre Commission, à n'en pas douter, est dans la bonne voie quand elle veut accorder aux populations indigènes, sous la forme d'un bulletin de vote, une participation de plus en plus directe à leurs affaires et aux affaires publiques. Pour les Djemaa, on ne trouve pour ainsi dire plus de résistance. Jusqu'au Maroc même on relève la trace des préoccupations qui sont celles de votre Commission. Dans une étude sur la réorganisation du Gouvernement marocain, publiée récemment, le distingué secrétaire Général du Gouvernement chérifien, M. Henri Gaillard — qui fut un précurseur au Maroc et qui connaît à fond toutes les questions musulmanes —. écrivait ceci :

« Notre politique indigène, à la fois libérale et respectueuse des traditions, a compris le parti à tirer du développement des institutions qui nous permettent d'avoir directement contact avec le peuple ; tels sont les Djemaa de tribus, les Conseils de notables des villes, le Conseil supérieur des Habous, les Medjlès d'Ouléma, les sociétés de prévoyance indigène, etc. Sans créer un régime électoral pour lequel les indigènes ne sont pas mûrs, nous arrivons ainsi à réaliser une politique de collaboration sincère et féconde, non seulement avec le Makhzen, mais aussi avec les différents organes sociaux du Maroc. »

On voit que, tout en étant maintenu encore, au Maroc, dans les limites très strictes, le principe du « contact avec le peuple », comme dit M. Gaillard, a fait beaucoup de chemin dans les esprits. On en arrive, d'autre part, à examiner les modalités sous lesquelles il se manifesterait et, à cet égard, il est intéressant de citer un article qui a été publié le 8 septembre 1916 dans le *Républicain de Constantine* sous la signature de son directeur, notre ancien collègue M. Morinaud. Dans cet article, nous lisons ce qui suit :

« Les Français d'Algérie ne sont nullement hostiles aux réformes indigènes... Ce qu'ils demandent c'est que les bulletins de vote indigènes et les leurs ne soient pas confondus dans la même urne, car, dans le cas contraire, les votes français seraient littéralement submergés et les nationaux ne pourraient plus jouer aucun rôle dans ce pays qu'ils ont fait ce qu'il est. Ce qu'ils demandent, c'est qu'on donne plus de droits aux électeurs indigènes, dans leur milieu électoral indigène, mais qu'on ne fasse pas élire les députés et sénateurs français par des Français et par des indigènes, qui ne seraient pas des citoyens français, soumis aux mêmes lois civiles qu'eux.

« Sous cette réserve expresse, ils acceptent la plupart des réformes proposées : augmentation des conseillers généraux indigènes, des conseillers municipaux indigènes et même élection, par les indigènes et entre eux, de députés et de sénateurs qui siégeraient dans les Chambres de Paris et qui auraient le droit de vote dans toutes les questions algériennes intéressant les indigènes. »

Il y a là un angoissant problème de psychologie politique des plus complexes.

Ici, en effet, entrent en conflit les deux grandes conceptions coloniales : assimilation politique avec tout son cortège de fautes, d'erreurs et de dangers et autonomie trop grande où les populations indigènes abandonnées à elles-mêmes sont sous la coupe d'une minorité imposée par le Pouvoir local ou qui s'impose par la force des choses. Enfin, il ne faut point oublier qu'entre les indigènes et nous il y a l'Islam, l'Islam que nous devons respecter et qui ne peut être compatible avec l'ensemble de notre civilisation au point de vue religieux comme au point de vue de nos droits civils. Le problème est-il donc insoluble? Non, nous pouvons et devons arriver à de favorables solutions, solutions faites de concessions mutuelles, dont la base est cette politique d'association qui a si heureusment inspiré nos grands Africains. En élargissant les modalité de cette politique d'association, en appelant d'une façon plus complète nos sujets à notre œuvre sur la terre moghrebienne, nous trouverons la solution cherchée.

C'est en s'inspirant de ces conceptions que le Gouvernement a semblé s'orienter en déposant sur le bureau de la Chambre un projet de loi relatif à la désignation de Conseillers légistes musulmans auprès de la Commission interministérielle des Affaires musulmanes : « Il existe déjà dans nos Colonies et pays de protectorat de l'Afrique des organes assurant la représentation des intérêts locaux des populations indigènes, déclare l'exposé des motifs. En revanche, pour toutes les mesures ayant un caractère général qui peuvent intéresser par suite le statut personnel et les grands intérêts matériels et moraux de nos sujets ou protégés musulmans, l'autorité centrale et le pouvoir législatif ne peuvent pas recueillir directement auprès des intéressés indigènes ou de leurs représentants les impressions qu'éveilleront en eux les mesures édictées. Il peut ainsi arriver que les meilleures intentions du législateur soient faussement interprétées.

Le Gouvernement a pensé que, pour remédier à cet inconvénient, qui, d'ailleurs, n'avait pas échappé aux préoccupations de nombreux membres du Parlement, il y aurait lieu d'organiser, dans une certaine mesure, une représentation des éléments indigènes et particulièrement musulmans de nos possessions auprès du pouvoir central.

A cet effet, il vous propose aujourd'hui de donner à un organisme qui, depuis plus de quatre ans, l'a aidé de ses conseils et a fait preuve de sa connaissance des difficultés de toutes sortes auxquelles se heurte notre action auprès des diverses populations musulmanes soumises à notre contrôle, une autorité plus grande en associant à ses délibérations des conseillers mahométans.

La commission interministérielle des affaires musulmanes, à laquelle serait ainsi adjointe une représentation des intérêts moraux de nos sujets de l'Afrique du Nord, deviendrait le conseiller naturel du Parlement et du Gouvernement toutes les fois que des mesures d'ordre législatif ou réglementaire intéresseraient le statut de nos ressortissants africains ou toucheraient à leurs intérêts les plus élevés.

Ainsi se réalisera auprès du Pouvoir central la pratique de la politique d'association, pratique qui de degré en degré atteindra les intérêts locaux jusqu'aux plus modestes, non du clocher comme en France, mais du douar aux tentes brunes. Ainsi, non par des mesures brutales et arbitraires incompréhensibles pour les indigènes, mais au contraire par des procédés appropriés, sans heurts intempestifs, aux délibérations desquels auront pris part les plus qualifiés d'entre eux, sera transmis ou mieux adapté aux contingences locales et religieuses l'ensemble des mesures légales qui constituent l'armature de notre législation. »

Malheureusement ce projet de loi n'as pas encore été adopté.

C'est dans cet ordre d'idée encore que le Parlement a voté un crédit de 500.000 francs pour la création à la Mecque et à Médine de deux hôtelleries destinées aux pèlerins indigents originaires des possessions et des protectorats français d'Afrique. M. Aristide Briand, alors président du Conseil et ministre des Affaires Étrangères, s'exprimait ainsi, en priant la Chambre de prendre en considération cette demande de crédit :

« Messieurs,

La politique indigène de la France s'est toujours inspirée, non seulement de la plus large tolérance mais du respect le plus absolu pour les croyances, et les usages des populations de notre empire colonial que nous avons assumé la mission de faire bénéficier des avantages de la civilisation.

C'est en grande partie à l'observation persévérante de ces principes que nous devons de voir aujourd'hui les musulmans originaires de l'Algérie, de la Tunisie, du Maroc et de nos Colonies africaines donner à la France tant de preuves de leur loyalisme, de leur dévouement et de leur affection.

Au milieu de la plus terrible crise que le monde ait jamais traversée, et malgré les tentatives qu'un ennemi, à qui tous les moyens sont bons, a multipliées pour faire prendre à une guerre d'hégémonie et de conquête les apparences d'une guerre sainte, c'est par milliers que les témoignages de fidélité nous sont parvenus de nos populations musulmanes. Ces témoignages non douteux ne leur ont pas suffi. C'est par milliers aussi que les Algériens, les Tunisiens, les Marocains et les indigènes de l'Afrique occidentale, qui sont venus combattre héroïquement à nos côtés pour la cause de la civilisation, ont scellé de leur sang le pacte sacré qui unit leur pays à la France pour toujours.

Nous avons pensé que la France voudrait reconnaître ce loyalisme, ce dévouement et cette affection en accordant aux populations musulmanes de son empire une nouvelle preuve de sollicitude.

Cette preuve, nous voulons qu'elle soit mise sous leurs yeux, dans les lieux saints mêmes de l'Islam où chaque année un grand nombre de musulmans habitant l'Algérie, la Tunisie, le Maroc et les Colonies africaines, se rendent pour accomplir un pieux pèlerinage. Parmi ces voyageurs beaucoup sont sans ressources et ne parviennent qu'avec les plus grandes difficultés à vivre et à se loger pendant leur séjour aux lieux saint. Sur la suggestion de l. Commission interministérielle des affaires musulmanes, qui avait mis, bien avant la guerre, cette question à l'ordre du jour de ses séances, nous vous demandons de nous autoriser à affecter la somme nécessaire à l'achat ou la construction à la Mecque et à Médine de deux vastes hôtelleries aménagées pour recevoir les pèlerins indigents originaires de notre empire, et leur assurer un logement gratuit. »

Le Parlement a ratifié ce projet. Une mission spéciale composée de hauts personnages musulmans français a accompagné à la Mecque, en 1916, les 700 pèlerins de l'Afrique du Nord qui allaient aux lieux saints rendre l'hommage rituel, le premier depuis la guerre. On sait avec quels touchants témoignages le grand Chérif a reçu cette ambassade dont le retentissement fut considérable dans le monde de l'Islam.

Ce pèlerinage et cette mission montrèrent à tous les croyants que les musulmans français sont de bons et de loyaux sujets qui proclament combien ils nous sont attachés. D'autre part, les musulmans français apprirent de près de quelles exactions et de quels mépris des règles saintes se rendait coupable en Arabie et en Syrie le régime turc. La mission a acquis l'immeuble destiné à l'hôtellerie de la Mecque, l'acquisition en a été réalisée sous forme de bien habous géré par une Société constituée par les membres de la dite mission, ainsi que le veut la loi de l'Islam.

CHAPITRE XI

Que l'Afrique du Nord reçoive de Paris une direction unique, ceci paraît comme un axiome, sans avoir besoin de démonstrations superflues. Tout concorde à placer les terres du « Morgreb » sous un même contrôle éloigné et distant, non étroit mais au contraire, laissant à l'Algérie, à la Tunisie et au Maroc toute facilité pour se développer sans entrave, chacun suivant une évolution propre dictée par les contingences particulières qui l'environnent. A cette thèse se rallie la grande majorité des coloniaux contemporains. « Les frontières qui séparent ces trois parties de l'Afrique, a écrit M. Girault, sont purement politiques et artificielles. En Tunisie, en Algérie et au Maroc nous avons affaire à une même race, à une même religion et à l'égard de cette race et de cette religion nous devons suivre la même politique. C'est parce que nous étions en Algérie que nous sommes allés en Tunisie, c'est parce que nous étions allés en Algérie et en Tunisie que nous sommes allés au Maroc. Nous ne pouvons pas traiter comme des compartiments étanches des pays entre lesquels existe un va-et-vient nécessaire. » Dans une réunion de la Société des Etudes Algériennes, le professeur Augustin Bernard, disait également : « Si nous voulons faire œuvre durable au Maroc, il faut assurer l'unité d'impulsion, il faut que toutes les affaires de l'Afrique du Nord relèvent d'un seul Ministère, n'importe lequel pourvu qu'il y en ait un. »

Doit-on créer un Mininistère spécial des affaires musulmanes, ou bien un Ministère de l'Afrique et des Colonies, ou encore un sous-secrétariat de l'Afrique du Nord ? C'est là un problème des plus complexes, car toute solution de la question se heurte à ces puissances occultes que sont les intérêts particuliers de différents départements ministériels. Elle se heurte également aux suspicions légitimes des populations européennes d'Algérie à l'égard de certaines innovations. Les modalités importent peu, ce qui est urgent c'est de voir enfin se réaliser les vœux de tous ceux qui ont étudié ces délicats problèmes. Le parlement vient à nouveau d'être saisi de la question, il paraît utile d'en saisir également le grand public.

Pour qui veut observer, l'unité de l'Afrique du Nord paraît, malgré certaines divergences plus superficielles que réelles, ne pouvoir faire de doute. C'est ainsi que dans nos trois colonies, dites arabes, on retrouve des populations aux caractères ethniques similaires, aux habitations conçues sur le même type, aux mœurs et à la civilisation identique. On peut objecter que cette similitude provient de la pratique de l'islamisme, mais l'empreinte de l'Islam n'est pas tout, en particulier chez les Berbères, qui, tant en Tunisie qu'en Algérie et au Maroc, possèdent à peu de choses près, la même mentalité et la même civilisation. C'est ainsi, que l'on retrouve comme stéréotypés dans toute l'Afrique du Nord, les types indigènes : le Maure, commerçant des villes côtières, le marchand des souks de Tunis ou de Fez, le Kabyle actif, imbu de l'esprit d'indépendance des monts de la Kroumirie, de la Kabylie, du massif des Beni Snassem comme ceux des hautes montagnes du sud de Fez et du Riff. La steppe des Hauts-Plateaux est également parcourue par les mêmes nomades toujours à la recherche de pâturages nouveaux près desquels il fait bon dresser l'humble tente brune, peu importe que ce soit en territoire beylical ou algérien ou même chérifien. Enfin au Sud, le Touareg va d'un point d'eau à un autre sans se soucier des frontières, à la recherche d'un « rezzou » possible, d'une caravane à détrousser, d'un Ksour à pressurer.

Toutefois, on se tromperait en poussant trop loin la comparaison ; il y a lieu de tenir compte de certaines différences, l'Arabe et le Kabyle algériens, par exemple, sont actuellement plus proches de notre civilisation que les montagnards marocains. Mais, cependant, toute chose mise au point, les trois pays de l'Afrique du Nord contiennent des populations de langues, de mœurs et de race semblables et, si on y ajoute qu'elles sont toutes islamisées, l'unité ethnique de cette contrée apparaît comme singulièrement forte.

Ce parallélisme des différentes races indigènes de la Tunisie, de l'Algérie et du Maroc, existe également pour le peuplement européen des trois pays en question, tout au moins pour l'Algérie et la Tunisie. C'est là un phénomène ethnique intéressant que l'on peut expliquer par la situation géographique des trois colonies formant l'Afrique du Nord française. Pays du bassin méditerranéen, ces contrées devaient inéluctablement appeler la formation d'une immigration méditerranéenne espagnole et italienne, qui, en raison des conditions économiques défavorables des provinces de Murcie, d'Alicante et de Valence en Espagne, et des provinces de la Basilique, de la Calabre et de la Sicile, afflue en Afrique. A cette immigration étrangère, il y a lieu de joindre un peuplement français également identique dans les trois colonies. peuplement originaire, en général du Midi de la France, où les difficulté de la vie métropolitaine, ont obligé à aller chercher sous le ciel africain de meilleures conditions d'existence. Le peuplement français se compose, en outre, de fonctionnaires, d'officiers et de descendants des vieux soldats d'Algérie, dont une grande partie restent en Afrique comme retraités. Ce qui se passe en Tunisie et en Algérie est en train de se produire au Maroc où, par la force des choses et du temps, un analogue peuplement européen est en voie de formation.

A cette double connexité, il y a lieu d'ajouter

que les conditions économiques de la Tunisie, de l'Algérie et du Maroc sont les mêmes. En effet, non seulement les productions agricoles sont ou seront identiques dans ces trois pays[1], mais encore les produits du sous-sol. N'exploite-t-on pas les mines de même nature en Algérie et en Tunisie ? Les ports algériens et tunisiens exportant les uns comme les autres des phosphates et des minerais de fer. Le sous-sol marocain semble devoir offrir des gîtes miniers comparables à ceux des autres colonies de l'Afrique du Nord. Aussi, dans le domaine économique, l'Afrique du Nord forme un tout. Cette union est d'autant plus forte que le rail viendra comme parachever l'œuvre de la nature. L'artère vitale du mouvement agricole, commercial et économique de nos trois colonies méditerranéennes sera cette voie ferrée que M. A. Bernard appelle si justement « la grande voie impériale de Tunis à Fez et à l'Atlantique ». Ce chemin de fer qui, partant de Tunis, passera par Constantine, Alger, Oran, Taza, Fez, pour atteindre Casablanca, drainera « non seulement la plaine, mais les massifs montagneux du Nord et du Sud, qui enverront, selon la comparaison de Burdeau, à ce grand fleuve comme autant d'affluents »[2].

La similitude du peuplement nord-africain entraîne une identité de politique indigène inspirée des principes féconds en résultats de cette

1. *Quinzaine coloniale*, 10 février 1914, page 78.
2. A. Bernard, *Les confins Algéro-Marocains*, page 274.

politique d'association. Les indigènes sont et seront de plus en plus associés à notre action. Ne voit-on pas, en effet, une représentation arabe et kakyle de plus en plus nombreuse par l'effet du temps et des circonstances dans les conseils locaux algériens et tunisiens, à la Conférence consultative tunisienne comme aux Délégations financières?

Cette identité, nous la retrouvons même dans un domaine plus réservé, celui du droit civil. Les conditions de la naturalisations, si importante en Afrique du Nord où il est nécessaire de fondre dans le creuset français l'immigration étrangère, sont à peu de chose près les mêmes en Tunisie ou en Algérie.

L'unité de l'Afrique du Nord s'impose donc, car son absence entrave le développement économique de ces contrées, il y a là comme une rupture d'équilibre, cause efficiente de cette crise algérienne dernièrement à l'ordre du jour. A l'est, la Tunisie continue à disposer de ses ressources naturelles et à perfectionner tous les ans son outillage économique; à l'ouest, le Maroc s'organise sur les mêmes bases offrant un terrain d'action facile l'esprit d'entreprise français.

Concevoir pour l'Afrique du Nord une unité de direction n'est, du reste, qu'une extension à cette partie de notre empire colonial d'un principe fécond en résultats, celui de l'union des colonies. L'Union indochinoise et l'Afrique Occidentale sont des exemples probants du développement obtenu par une centralisation d'efforts et une unité de direction. Et cependant, les divers protectorats et colonies dont se compose le gouvernement général de l'Indochine offrent infiniment plus de diversités que les trois colonies de notre Afrique du Nord. Il en est de même en Afrique Occidentale, où il nous faut administrer des races très différentes lesunes des autres, des populations flottantes et nomades, islamisées, sinon arabisées comme celles de la Mauritanie et des peuplades encore dans l'enfance, barbares et fétichistes, que cache l'immensité de la forêt équatoriale.

Parmi les colonies étrangères, les exemples d'union de colonies abondent. Le joyau de la plus grande Angleterre, les Indes, n'est-il pas une mosaïque d'États et de peuples, de protectorats et de pays d'administration directe, de civilisations et de mœurs entièrement dissemblables? Il y a beaucoup moins de points de contact, desimilitude de races, de mœurs, de civilisations entre les États Skhis du nord de l'Inde et les chaudes provinces du Bengale qu'entre un oasis tunisien et les jardins de Fez, et cependant les questions des Indes sont centralisée à l'India Office et l'on peut affirmer que l'établissement d'une direction unique fut pour beaucoup dans le développement de cette colonie britannique.

Mais cette union réduite aux trois colonies de l'Afrique du Nord serait imparfaite, le Sahara, loin d'être une barrière infranchissable, est au contraire comme un point de contact où entre l'Algérie, la Tunisie, le Maroc et les confins sahariens se produit une perpétuelle endosmose. Les collectivités religieuses de l'Islam s'étendent par le désert toujours davantage vers le Sud, vers le Bas Soudan, vers la Forêt tropicale. Nos troupes se heurtent dans l'Oudaï, dans le Tribest et dans l'Adrar, à des bandes arabisées en relations étroites avec leurs coreligionnaires de Tripolitaine, du Haut-Nil, de l'Afrique du Nord. Les événements présents ont leurs contre-coups dans tout le Continent noir. S'il est avéré que cela serait une erreur de politique indigène d'appliquer aux noirs islamisés du Soudan les mêmes méthodes qu'aux habitants de Tunis, d'Alger ou de Fez, il appert que tout acte de notre part en Afrique du Nord a sa répercussion sur une grande partie de nos sujets de l'Afrique Occidentale Française et même de l'Afrique Equatoriale Française. Nous devons donc, par la voie d'un organe centralisateur, coordonner notre politique indigène tant en Algérie, en Tunisie et au Maroc qu'en Afrique Occidentale et même dans certaines contrées de l'Afrique Equatoriale, en tenant compte des modalités d'application nécessitées par les contingences locales des milieux où cette politique est appelée à jouer.

La guerre a rendu singulièrement opportune l'unification de notre politique nord-africaine. Des problèmes identiques se posent dans chacune des trois colonies, des questions économiques s'imposent; il ne faut pas oublier que les finances métropolitaines seront lourdement chargées, les colonies devront s'entraider, former des fédérations en vue de réaliser les plans de complète mise en valeur qui leur sont demandés. Il s'agit de coordonner les efforts sous une autorité unique, toute dispersion est néfaste et stérile.

Mais quelle sera cette autorité?

Il ne viendra à personne l'idée d'adjoindre à la direction des Affaires Algériennes du Ministère de l'Intérieur les questions tunisiennes et marocaines. S'il est un département ministériel essentiellement métropolitain, c'est bien celui-là. Le Ministère de l'Intérieur, déjà surchargé par d'autres besognes, ne peut s'occuper comme il le faudrait de l'Algérie, à plus forte raison de la Tunisie et du Maroc. Il est évident que le Ministère de l'Intérieur doit être confiné dans des attributions et non être amené à traiter, par exemple, les questions de politique indigène très délicates comme celles qui se posent dans les territoires du Sud de l'Algérie dont l'Intérieur a la haute direction. Il manque dans le service des Affaires Algériennes du Ministère de l'Intérieur des spécialistes.

Le service des Affaires Algériennes n'est pas à sa place à l'Intérieur; il est comme un intrus dans un salon et, comme tel, le dit service reste modestement dans son coin, cherchant à se faire oublier. « Il est notoire à l'administration centrale que le service des Affaires Algériennes est paisible entre tous, l'un des moins chargés de tous [1] ». Ce service ne correspond plus aux besoins actuels : « On ne constate pas sans surprise que le service des Affaires Algériennes ait pu rester à peu près tel qu'il était à l'époque où chaque département ministériel suivait les affaires de sa compétence. Il est indispensable de faire cesser cette anomalie [2] ».

Le Maroc et la Tunisie sont actuellement sous la dépendance administrative des Affaires Étrangères. Ne semblerait-il pas logique de constituer à l'aide de ces deux bureaux une direction de l'Afrique du Nord, division à laquelle, naturellement, se trouverait être incorporée l'Algérie. Cette conception paraît, à première vue, avoir pour son adoption des atouts considérables et dont le premier de tous est l'habile gestion des Affaires Tunisiennes depuis la conquête, atout auquel il faut joindre l'expérience des questions musulmanes et l'habitude des tractations politiques menées suivant des formules surannées peut-être, mais toujours fructueuses. Mais à considérer de près, cette remise au Quai d'Orsay du soin des intérêts de l'Afrique du Nord se heurte à une grosse difficulté : le Ministère des Affaires Étrangères n'est pas outillé pour cette tâche. Le Quai d'Orsay, en effet, n'est pas un Ministère où l'on fasse de l'Administration, c'est un organisme qui a un rôle tout à fait particulier, des méthodes de travail spéciales mais qui « n'ad-

1. Budget de l'Intérieur 1911. Rapport de M. Jeanneney, Sénateur, p. 15.
2. Budget spécial de l'Algérie 1912. Rapport de M. Saumande, député.

ministre pas ». On objectera que le Maroc et la Tunisie sont des protectorats. Mais l'Algérie n'en est pas un. Et au surplus, cette forme particulière d'administrer un pays qu'est le protectorat, doit-elle être l'apanage du Quai d'Orsay? Dans notre empire colonial n'existe-t-il donc pas de protectorats? En Indochine, en Afrique, dans le Pacifique !

Du reste, ainsi que l'indiquait M. le sénateur Chautemps, le protectorat tunisien se transforme, « s'émousse » en un « régime confus où nous aurions à légiférer nous-mêmes dans tous les domaines avec ou sans le concours du Bey »[1]. C'est là le processus de tous les protectorats vers l'administration directe.

Pour administrer d'aussi vastes contrées, il est nécessaire de faire appel à Paris à des bureaux de spécialistes : travaux publics, finances, santé, marine, etc... Cette organisation, nous la trouvons rue Oudinot, elle fait défaut au Quai d'Orsay. Il y a lieu de noter que cette division en services techniques, nous la retrouvons au Gouvernement général de l'Algérie qui possède des directions techniques : agriculture, travaux publics, finances. Nous la retrouvons également en Tunisie où les services de la régence sont divisés de la même manière. Les services techniques des colonies de l'Afrique du Nord doivent pouvoir s'adresser aussi à Paris à des services techniques correspondants. De l'inobservation de ces principes, il ne peut résul'ter que gâchis et incohérence.

1. Budget des Colonies 1905. Émile Chautemps.

N'ayant pas de services techniques organisés, le Quai d'Orsay fait appel à des commissions interministérielles où les éléments qui lui font défaut se trouvent être représentés. Or, on sait combien, par la force même des choses, le travail des commissions est lent ; de plus, avec ce système, il est difficile de suivre une politique, les membres des commissions sont remplacés souvent, et il manque cette tradition si nécessaire, quoi qu'on ait pu la blâmer, qui s'élabore dans l'atmosphère calme des bureaux.

On a proposé pour concentrer la direction des affaires de l'Afrique du Nord en une seule main, de rattacher un sous-secrétariat d'État de l'Afrique du Nord au Président du Conseil qui serait sans portefeuille, et simplement : « Ministre de la parole ». Mais la création d'un Sous-Secrétariat rattaché « pour ordre » à la Présidence du Conseil présente un grand défaut : celui de former une nouvelle administration coloniale sans liens avec les deux départements, les Affaires Étrangères et les Colonies qui s'intéressent à des titres divers, il est vrai, mais avec une égale compétence aux questions de politique mondiale et qui suivent les problèmes multiples qui surgissent dans les terres lointaines. Un Sous-Secrétariat d'État de l'Afrique du Nord indépendant, ignorant ce qui se passe ailleurs dans le monde, aurait fatalement une politique particulariste, à la fois étroite et mesquine et à la fois incapable de prévoir ces profonds mouvements qui agitent les masses musulmanes et dont il faut rechercher, guetter la venue au delà des sables du Sahara, au delà des mosquées de Kairouan ou de Fez, vers les minarets d'El-Azhar, de Stamboul ou de la Mecque.

Pour ne pas créer un sous-secrétariat isolé du monde colonial, pourquoi ne pas le rattacher au Ministère des Colonies? Dans cette hypothèse, l'objection tirée de l'isolement des questions de notre politique coloniale tomberait à faux; il s'établirait, en effet, semble-t-il, une sorte d'endosmose favorable à tous les points de vue. Mais ici encore, cette dernière formule ne paraît pas des plus heureuses, car les questions algériennes, abandonnées pour ainsi dire au sous-secrétaire d'Etat, risqueraient de subir un sort identique à celui qu'elles subissent place Beauvau. Et de plus, en l'état actuel de nos finances cela chargerait le budget de la création d'un Sous-Secrétariat nouveau.

Nous avons signalé, quelques lignes plus haut, l'exemple des Indes anglaises comme le modèle type d'un agrégat de colonies diverses, d'institutions et de races. Pourquoi ne pourrait-on pas s'inspirer de l'organisation administrative hindoue, pourquoi ne pas créer un Gourverneur général unique pour l'Afrique du Nord, sorte de vice-roi ou plutôt de vice-président? La difficulté est double, d'une part, il est peu dans nos mœurs administratives de donner à un homme si remarquable soit-il, des pouvoirs aussi considérables et, d'autre part, où placer la capitale de cet « empire? »

A Alger? Mais alors ce serait donner trop d'importance à la capitale algérienne au détriment de ses sœurs : Tunis, Rabat, Dakar. Il y aurait des luttes d'influence regrettables et par la force même des choses, le Gouverneur dont il s'agit serait amené à favoriser telle ou telle contrée au détriment de l'autre trop lointaine ou moins importante.

Pour ménager la susceptibilité, fort légitime des Algériens, on pourrait donner à l'Algérie la première place, en faire ce qu'elle est, du reste, comme la clef de voûte de tout notre édifice colonial, la considérer comme le centre vers lequel convergerait l'ensemble de nos colonies. Cette conception qui est rationnelle, qui a pour elle l'histoire même de notre expansion coloniale et extérieure, adéquate à notre rôle de grande puissance méditerranéenne et de grande puissance musulmane, pourrait se réaliser dans la formation d'un Ministère de l'Afrique du Nord et des Colonies. C'est ainsi que, nouveau phœnix, le Ministère de l'Algérie et des Colonies, institué le 24 juin 1858, supprimé deux ans après le 24 novembre 1860, renaîtrait de ses cendres sous une forme nouvelle en vue de la réalisation de programmes essentiellement différents, étendant son autorité non sur les lambeaux d'un ancien domaine colonial mais, au contraire, sur un jeune empire d'outre-mer plein de promesses de vie et de prospérité.

En 1858, la nouveauté même de la tâche à entreprendre, l'instabilité ou plutôt le manque comple-

de politique coloniale nettement définie, le souffle libéral qui animait le Ministre d'alors, le prince Napoléon, et qui lui suscitait nombre d'ennemis, tout concordait à entraver le fonctionnement du Ministère de l'Algérie. La bonne marche des affaires se ressentait des difficultés de l'heure présente : « Une première difficulté, qui ne fut jamais alors pleinement résolue se posa quand il s'agit de définir les relations du nouveau Ministère avec les Ministres de la Guerre et de la Marine. La situation était, à vrai dire, inextricable. Pour en sortir, on imagina des dispositions qui devaient satisfaire tout le monde et qui, naturellement, ne contentèrent personne. On ne fut pas plus heureux quand il fallut régler l'organisation intérieure du nouveau Ministère. En se prononçant pour un système qu'on a depuis abandonné, on répartit les affaires, non pas en les groupant selon les colonies qu'elles concernaient, mais en tenant compte seulement de leur spécialité. Il n'y eut même aucune distinction entre les services de l'Algérie et ceux de nos autres colonies. On voulut, en ne considérant que la nature des affaires, déterminer par groupes sympathiques les attributions des divers bureaux. On arriva de la sorte à des rencontres inattendues, tel bureau s'occupait parallèlement des cultes et des beaux-arts, tel autre prenait souci des théâtres en même temps que des prisons. Ainsi constitué, le Ministère de l'Algérie et des Colonies avait bien comme une saveur d'exotisme, il tenait à la fois d'une bureaucratie d'Orient et des administrations sud-américaines [1] ».

Avec une organisation semblable, avec de pareilles méthodes de travail, un tel organisme administratif était voué, en dehors de toute autre question, à devenir caduc et à disparaître.

Mais avec des vues plus justes des problèmes nord-africains, avec l'expérience de trente années de domination coloniale, avec l'aide d'un personnel instruit et de carrière, il est possible de créer à nouveau un ministère de l'Afrique du Nord et des Colonies qui rende aux colonies d'une part, à la métropole de l'autre, les services que l'on est en droit d'en attendre.

La question est d'une envergure beaucoup plus large qu'elle apparaît de prime abord. Il ne s'agit pas d'unifier notre politique en Afrique du Nord, ainsi que l'exprime M. Messimy dans son rapport sur le Budget civil du Maroc pour l'exercice 1914, de « couler dans des moules identiques les administrations des colonies diverses qui composent l'Afrique française.

« Mais il faut qu'elle obéisse à une direction politique unique. »

Le Sahara, loin d'être une barrière infranchissable, est devenu un point de contact entre l'Algérie, la Tunisie, le Maroc et les confins soudanais. Les collectivités religieuses musulmanes s'étendent par le désert toujours plus vers le Sud, vers le Bas Soudan, vers la Forêt tropicale. Des milliers de

---

1. Un Ministère de l'Algérie et des Colonies. A. Duchêne, *Revue de Paris*, 1er mars 1904.

musulmans de ces diverses contrées se sont rencontrés pendant la guerre. Des contacts qui, sans ces événements, ne se seraient jamais produits, se sont effectués. Nos sujets musulmans ont fraternisé sous l'égide du drapeau tricolore. Ils ont pu comparer ce qui se fait en Algérie et ce qui se fait ailleurs. Ils ont contracté des liens d'amitié et jamais le courant d'idées n'est devenu plus étroit entre nos musulmans africains de quelque race ou de quelque couleur qu'ils soient.

La question de l'unification de notre politique coloniale dans l'Afrique française est des plus graves, car elle se double du problème d'une centralisation de nos efforts militaires en Afrique.

En effet, « que n'a-t-on là l'autorité d'un Ministère spécial [1] » ? Le Sahara, divisé en deux zones militaires, celle du 19ᵉ corps et celle des corps d'occupation de l'Afrique Occidentale ou de l'Afrique Equatoriale est un champ d'action remarquable pour les fauteurs de désordre. Des opérations de police sont-elles menées par les troupes du 19ᵉ corps ? Les dissidents passent de l'autre côté où les troupes françaises d'occupation de l'Afrique Occidentale française ou de l'Afrique Equatoriale française n'unissent pas leurs efforts avec ceux de leurs frères d'armes d'Algérie, et n'ayant pas reçu d'ordre du Ministère des Colonies se gardent de les attaquer et vice-versa.

M. Messimy, dans son rapport sur le budget civil du Maroc pour l'exercice 1914, appelait d'une façon

---

1. P. Bluysen. *Un ministère de l'Afrique du Nord*, p. 3.

saisissante l'attention du Parlement sur les dangers d'un pareil état de choses : « Dans cette Afrique française où malgré le désert tout se tient — la religion, les hommes et le sol — les Ministères agissent à la manière des francs-tireurs indépendants les uns des autres. A la guerre, il arrive que les bandes de partisans d'une même nationalité se fusillent au coin d'un bois. Il en est politiquement de même en Afrique, je n'en veux d'autre exemple que celui des troupes de l'Afrique Occidentale française guerroyant avec vigueur l'an dernier contre les bandes d'El-Hiba, en Mauritanie, au moment où le général Lyautey entamait vis-à-vis de celui-ci une politique diamétralement différente. »

La nécessité de faire œuvre d'ensemble au point de vue militaire s'impose tellement, que nous trouvons la formation de corps de troupes similaires : le 19e corps a ses méharistes comme les corps d'occupation de l'Afrique Occidentale et l'Afrique Equatoriale. Mais les uns et les autres s'ignorent mutuellement. La condition élémentaire pour imprégner à jamais notre domination dans toute l'Afrique du Nord, dans ses confins sahariens et dans les territoires soudanais, nigériens et du Tchad, c'est qu'une direction unique soit donnée aux opérations militaires de police. « Diviser pour régner »; oui, mais pas à notre détriment. Tout manque de cohésion, le plus léger heurt, la plus petite marque de conflit entre nos dirigeants sera toujours interprété comme une marque de faiblesse et favorisera l'éclosion d'un mouvement de révolte. Depuis 1917, il a été fait, dans ce domaine, un effort d'unification dans la conduite des opérations militaires : le général Leperrine, le saharien si compétent, a été nommé commandant de la zone saharienne et son action s'étend tant sur les territoires algériens que sur ceux du Maroc saharien et de la Mauritanie.

Aux questions de sécurité militaire s'allient des problèmes d'ordre diplomatique. L'entrée en ligne des Italiens en Tripolitaine est un fait nouveau dont il faut tenir compte. « De même du côté de la Tunisie, la prise de possession du Tibesti (Ministère des Colonies), vient de nous assurer des approches vers le Sud ; nous les avons déjà par le Nord-Ouest de la Tunisie (Ministère des Affaires étrangères) et par l'Ouest (Ministère de l'Intérieur). La simple prudence permet-elle que nos relations d'alliance avec l'Italie, soient subordonnées plus longtemps à l'action de trois départements ministériels ? »[1].

L'Union de notre Afrique du Nord avec nos territoires de l'Ouest Africain, outre les considérations de bonne politique indigène et les raisons d'ordre militaire, apparaît comme inéluctable au point de vue économique. Dans un avenir rapproché, l'Hinterland africain sera en relations commerciales fréquentes avec le Nord. Le Transaharien n'est point un mythe. La ligne « impériale » Tunis, Alger, Oran, Fez, se complétera de la ligne Oran, Colomb-Béchar, Tombouctou, qui rejoindra le

1. Messimy. Rapport du protectorat, Maroc, 1914.

remarquable réseau ferré de l'Afrique Occidentale et qui, par le Tchad, atteindra la voie anglaise du Cap au Caire. Avoir une politique coloniale, c'est ne pas s'attacher aux détails d'exécution, aux questions locales, celles-ci se trouvent réglées sur place par la force des choses et du temps, mais c'est, au contraire, avoir une conception d'ensemble, un vaste plan qui se concrétise en une formule simple dont tous doivent poursuivre la réalisation. La devise de Cecil Rhodes, « du Cap au Caire », a été le mobile grâce auquel l'Union Sud-africaine, après bien des vicissitudes, a été créée. Notre devise à nous est et doit être de constituer l'unité de l'Afrique française.

L'organisation actuelle a été résumée par M. Messimy dans ces quelques lignes : « Il n'y a qu'un mot pour définir notre situation administrative en Afrique : elle est absurde. » Le remède est la création ou plutôt la transformation du Ministère des Colonies en Ministère de l'Afrique du Nord et des Colonies. « Pour prévenir ces dangers, disait dès 1908 M. Roume, ancien Gouverneur général de l'Afrique Occidentale française, je crois que l'impulsion générale indispensable ne peut être donnée que par un Ministère unique, le Ministère de l'Algérie et des Colonies ; c'est là une mesure qui ne pourra être longtemps différée, car elle répond à une nécessité et les événements se chargeront peut-être de montrer qu'elle était inéluctable[1]. »

La constitution d'un Ministère de l'Afrique du

<hr>

1. Discours à l'École Libre des Sciences Politiques.

Nord et des Colonies ne doit plus être différée davantage. Une seule objection très sérieuse peut être faite à la création envisagée : l'impossibilité en l'état actuel des finances de l'État, d'obtenir une inscription au budget des crédits nécessaires.

Mais ce dernier argument peut être facilement écarté. Quelle charge nouvelle entraînerait l'accroissement du Ministère des Colonies en un Ministère de l'Afrique du Nord et des Colonies pour le budget de l'État ? Aucune. En effet, le service des Affaires algériennes du Ministère de l'Intérieur au Ministère des Colonies ne donnerait lieu qu'à une simple ventilation de dépenses. Il en serait de même pour les services de la Tunisie et du Maroc du Ministère des Affaires étrangères.

Il serait même possible de réaliser des économies budgétaires en mettant en pratique le système des contributions des Colonies à la gestion de leurs affaires. Ce principe, qui est celui pratiqué en Angleterre, celui en vertu duquel le budget de l'Indien Office est supporté par la colonie des Indes, a déjà fait une timide apparition par la proposition émise aux Délégations financières algériennes, de verser une contribution pour le développement du service de l'Algérie à Paris. Nous en trouvons également un exemple dans le projet de budget du Ministère des Colonies, pour l'exercice 1914, qui prévoyait la création d'une Agence des Colonies ayant un budget autonome « dont les recettes seraient constituées par des contributions annuelles émanant des colonies, d'une part, et de l'État, de l'autre ». Il y a là une idée nouvelle susceptible d'une réalisation facile, en raison de l'excellente situation budgétaire de l'Algérie et de la Tunisie. Le Maroc devrait, pour l'instant, être mis à part.

Bien plus, cette conception nouvelle qui consiste à faire appel aux ressources financières des colonies, permettrait l'établissement de ce que M. Messimy dénomme « un budget de politique générale ». Cette formule des budgets généraux — on sait à quels résultats remarquables a donné lieu la constitution des budgets généraux de l'Union indochinoise et de l'Afrique Occidentale — permettrait « la mise en valeur logique et raisonnée de ces territoires vastes comme dix fois le territoire de la Métropole ». Il est nécessaire de doter les colonies du Nord et de l'Ouest Africain d'un « budget d'empire ».

Ce budget aurait une double mission : permettre de pratiquer une politique musulmane de large envergure dotée des services de renseignements et d'action politique qui font totalement défaut et de créer les instruments nécessaires au développement de nos colonies africaines, question capitale de l'après-guerre, c'est-à-dire le crédit et l'outillage économique.

L'heure est venue de ne plus pratiquer, en matière coloniale comme ailleurs, la politique des « petits paquets »; que l'exemple américain nous soit profitable, voyons grand, nul moment ne paraît plus propice à effectuer cette unité de l'Afrique du Nord. M. Maginot, n'avait-il pas, avec son sens précis des questions coloniales, posé la première pierre de l'édifice nouveau en ramenant à son Département toutes les questions de recrutement de la main-d'œuvre coloniale, qu'il s'agisse de l'Indochine ou de l'Algérie, de la Tunisie et du Maroc? L'œuvre commencée par M. Maginot sera menée à bonne fin, nous en avons la certitude, par notre ami M. René Besnard, l'actif Ministre des Colonies, qui est un homme de réalisations et de progrès.

Une politique coloniale faite d'unité s'impose, le problème est posé devant l'opinion publique. Le Parlement se doit de la résoudre au plus tôt.

*
* *

L'Afrique du Nord n'est pas pour la France une possession lointaine, ce n'est point un Eldorado fabuleux ni une terre faite pour les exploits de modernes conquistadors. Ce ne sont point dans de blanches caravelles que sont descendus sur ces rives nos soldats et nos colons, mais dans de lourds bateaux modernes, portant en leurs flancs noircis par la fumée, des armes pour pacifier, des machines agricoles pour cultiver.

Un de nos ennemis, l'auteur de *l'Allemagne et l'Islam*, M. Kampffmeyer, a reconnu lui-même que :

« Les problèmes qui se sont posés, non seulement en Algérie, mais dans toute l'Afrique du Nord, conquête militaire, pacification, soumission des indigènes, organisation, législation, œuvre scolaire, création de richesses par la culture et la colonisation, construction de routes et de chemins de fer, problèmes que la France a résolus en s'appuyant sur le travail scientifique, sur les données linguistiques, géographiques, historiques, sont pour elle une grande source de force et d'énergie nationale. »

L'Afrique du Nord a été, en effet, une école d'endurance pour tous ; elle est maintenant un foyer d'énergie patriotique ; il faut qu'elle soit, après l'épreuve, comme la fille aînée de la France, dont elle secondera par son labeur l'œuvre de relèvement.

FIN

TABLE DES MATIÈRES

SAINT-DENIS. — IMP. Vᵉ BOUILLANT ET J. BARDAILLON.

117-18. — Coulommiers. Imp. PAUL BRODARD. — 4-18.

Contraste insuffisant

NF Z 43-120-14